若手歌舞伎

中村達史

新読書社

はじめに

歌舞伎界はいま、過渡期の只中にある。ベテラン世代が円熟した技芸を次々と披露し、それぞれの到達点の高さを示す一方で、若手世代――今の四十代前半以下――の存在感が日に日に増してきている。そういう認識を殊に強くしたのは、『仮名手本忠臣蔵』（平成二十五年十二月歌舞伎座）、『菅原伝授手習鑑』（平成二十七年三月同所）、『義経千本桜』（平成二十八年六月同所）の通し上演だった。いずれの場合も、一部分にベテラン世代の協力を得てはいたものの、他の多くの部分では若手世代が重要な役どころを勤め、充分に高い成果を上げていたのである。

この若手たちの急激な台頭は、当然、なるべくしてなったことには違いないが、しかし、やむを得ぬ事情に急き立てられて、という側面もあったのではないだろうか。

つまり、市川宗家の棟梁として歌舞伎界全体を見渡し、今後の指導的立場を果たすはずだった十二代目團十郎と、今頃最も豊潤な実りを得る時期にさしかかり、これからの歌舞伎界で先頭に立つはずだった十八代目勘三郎・十代目三津五郎が思いがけず鬼籍に入り、本来であれば七代目歌右衛門を襲名し、充実期を迎えているはずの福助までもが病気で長期休演している――という事情が、本来よりも少し早めに、若手世代を前面に押し出しているのである。

本書は、そのような、卒然と継承の最前線に立つことになった若手たちの月旦を書きたいという思いから綴ったものである。

第一章の「役者論」でその対象となったのは、次世代の芯となる役者として、染五郎・松緑・猿之助・菊之助・海老蔵・勘九郎・七之助と、二十代筆頭として梅枝、それから襲名で飛躍をみせた彦三郎、売り出し中の松也、世代唯一の上方役者としての愛之助である。

更に、この数年の進境著しい二十代の役者にも触れた。立役からは歌昇・萬太郎・巳之助・種之助・隼人・橋之助、女形からは壱太郎・新悟・尾上右近・米吉・児太郎である。

ここに名前を挙げた役者たちは、それぞれに豊かな稟質・魅力・可能性を持っていて、これからの歌舞伎の担い手として、大きな期待がかかっていると言っていい。

しかし、そんな彼らの舞台であっても、気になる点もないではなく、そうした点についても、筆者の力の及ぶ限り述べた。長所を賛美するだけでなく、疑問点や今後の課題についても同時に提示することが、本書の目的だったからである。

第二章の「劇評抄」では、近年のベテラン世代の舞台から、特に深い感銘を受けたものの劇評を、七つ掲載した。若手とベテランは歌舞伎では常に隣合わせであって、ベテランについて語ることで、間接的に若手のことも見えてくる、という思いがあるからである。第二章で述べていることが、少しでも若手世代の今後・歌舞伎の将来などについて考える材料になれば、と願っている。

最後に、本書の刊行を薦めてくださった新読書社社長・伊集院郁夫氏、長きに亘って厳しくご教導下さった和角仁先生、そして、素晴らしい装丁をデザインして下さった博報堂の川嶋ななえ氏に心から厚くお礼を申し上げたい。

中村達史

目次

●第一章　役者論

市川染五郎——高麗屋の遺伝子——

一

染五郎の活動の幅は広い。古典歌舞伎の継承に留まらず、新作歌舞伎も数多く創作し、テレビや映画・現代劇などにも出演している。

そうした姿を見るにつけ、染五郎の身体に流れている高麗屋の血、換言すれば〈開拓者の精神〉とも言うべきものを感じずにはいられない。それは、遡って見ていけば、代々の高麗屋に多く感得されるもので、例えば、父の九代目幸四郎はテレビやミュージカルに出演する歌舞伎役者の先駆者的な存在であり、祖父の八代目幸四郎（初代白鸚）も、文学座と提携して『明智光秀』を上演したり、文楽界から綱大夫と弥七の協力を得て『嬢景清八島日記』を上演するなどして大きな話題を呼んだ人で、曽祖父の七代目幸四郎も国産第一号のオペラ『露営の夢』を主演した人なのである。

こうして父・祖父・曽祖父まで遡り、その経歴を見てみると、今の染五郎の活動には何の不思議もない。むしろ必然とすら言えるもので、一人一人の具体的な現れ方は違えど、その時々の新しいものに果敢に挑戦し、歌舞伎界に新風を吹き込むのが高麗屋の伝統なのである。

二

古典歌舞伎における高麗屋の芸は、実悪・実事にある。例えば『仮名手本忠臣蔵』なら由良助、『義経千本桜』なら知盛、『菅原伝授手習鑑』なら松王丸、そして『勧進帳』なら弁慶。七・八・九代目の幸四郎はもちろん、それ以前の代々の高麗屋にも、この種の役で名声を得ている役者が多い。

では染五郎はどうか。世間には、彼を二枚目や和事系統が得意な役者だとする声が多い。そういった意見が出ることには、筆者も異は唱えない。事実、『義経千本桜』の通し上演（平成二十八年六月歌舞伎座）では知盛・傀儡師染吉・維盛・静御前を勤めたが、最も良かったのは維盛だった。前半の柔らかさ・風情、そして〽たちまち変わる」を境にして途端に纏綿する公家としての品位。これらはまさしく本役といっていいものだった。

しかし、こうした声は、かつての染五郎を悩ませたに違いない。というのは、『演劇界』（平成二十五年五月号）のインタビューにおいて、「女形へ進むのが一つの道だと思っていた時もありました」という発言が見られたからである。

高麗屋に生を受けた役者が女形になることを考えた、というのである。その悩みの大きさは並ではなかったことだろう。

おそらく、この時の染五郎の脳裡には、様々な選択肢が渦巻いていたと思う。例えば、玉三郎のような真女形になる道、十七代目勘三郎のように二枚目や和事などを深めつつ、女形も同時に演じる道、父や祖父の跡を継ぎ、実悪・実事に専念する道——など。

そして染五郎は、「四十歳となった今は、父の芸と、叔父の芸を受け継いでいくことに専心して」ゆく、と心を決めたという。

その決心は、ここ数年の舞台に結実している。例えば前述の『義経千本桜』における知盛。確かに最も高成績を出したのは維盛ではあったが、では知盛はどうだったか、といえば、決して〈ニンではない〉の一言で済ませていいものではなかった。

例えば、知盛が鎧兜の白装束に着替え、上手障子屋体に姿を現した瞬間の、四周を払うような気品。満身創痍となり、長刀を杖に這うようにして花道から出てきたときの、壮絶極まる形容美と染五郎の肉体との不思議な調和。「三悪道」の件《くだり》の血を吐くような絶唱。

これらの成果は、本当に向かない役者であったなら、決してあげ得るものではない。染五郎が知盛に扮した途端、高麗屋の遺伝子が騒ぎ出したのが確かに感得されたのだ。
もう一例として、『勧進帳』の弁慶（平成二十六年十一月歌舞伎座）に触れないわけにはいかない。弁慶が染五郎にとって待望の役だったというだけではない。高麗屋の宿命ともいうべき弁慶を、二枚目や和事のイメージの強い染五郎がどう演じてみせるのか、大きな注目が集まっていたからである。

正直、見る前は多少の危惧がないではなかったが、染五郎の弁慶は予期を大きく上回る結果を出したのだった。まず驚いたのは、揚幕から出てきた瞬間から、それまでの染五郎の柔らかく細いイメージは薄く、弁慶として違和感を覚えることがなかったことである。弁慶はまず姿を現した瞬間から、らしく見えなければいけないだけに、これは極めて重要なことと言っていい。そして、「ヤアレしばらく」の〈呂の声〉が意外に太かったことや、「敬って、申す」などを「敬って」を高く出し、その上からさらに高く、かぶせるように「申す」を出すという、本格的な荒事風の発声をしていたのが嬉しかった。

さらに、山伏問答の件で「人間なればとて」を強く言い、グッと富樫を威圧するような視線を見せたことも特筆したい。これは、弁慶を指導した父・幸四郎の若き日のアイディアで、難しい言葉の応酬となる山伏問答を、少しでも観客に分かりやすくしようという創意工夫である。

これを染五郎は見事に受け継いだ。それどころか、安宅の関を越えようとする弁慶の必死の気迫と、この弁慶の初役を是が非でも成功させなければ、という役者・染五郎の熱意とが二重写しとなって、不思議な迫力を生み出していたのである。

「物語」の件も、〽ある時は船に浮かび」での船を漕ぐ仕科や、〽またある時は」で揚幕を見込む件などには、その大振りな仕科のなかに確かな厚みが看取されたのだった。

これらがニンでない役者にできることだろうか。ニンでない役者なら、揚幕から出てきた瞬間、その姿にいくらかの違和感は避けられない。「物語」や「延年の舞」の件でも、仮に卓抜な技量があり、見事な技巧の冴えを見せたとしても、どこかピタリと一致しない感覚が伴い続けるはずなのだ。それが歌舞伎におけるニンというものなのではないだろうか。

三

以上述べてきたように、染五郎は知盛と弁慶の所演において、決して実悪や実事に不向きと言いきれないだけの結果を出してきているが、その成功の裏に優れた指導者がいることを忘れてはならない。父・幸四郎と叔父・吉右衛門である。しかし染五郎曰く、この二人はその教え方に大きな違いがあるらしい。

幸四郎は「歌舞伎になっているか、七代目染五郎になっているか――つまり、ぶれずに舞台に立っているのかといったことを重点を置いて教えてくれ」て、吉右衛門は「自身が教わったことを一字一句教えてく」れるという。

なるほど、確かにそう言われれば、その教え方の相違は、二人の舞台を見ていてよく納得できることである。

幸四郎は、心の底から役に没入しきっているため、本人も気付かぬうちに、日によって手順が前後したり、台詞の言い回しが変わることがある。従って、日によって若干のニュアンスの変化が生まれたりはするものの、決して性根を外すことなく、最終的には役の心情・置かれている状況などがストレートに表現される。歌舞伎の文法や様式を一定以上身につけた歌舞伎役者ならば、心が役になっていることが何より大切、枝葉末節にはそれほどこだわらないというスタンスである。

それに対して吉右衛門は、自分で気付かぬうちに演技が変わる事はあまりなさそうだ。演技・演出がひと月のうちに変わることは珍しくないが、それはきっと事前にそちらの方がベターだという判断の上で行われている。その証拠に、その日以降はその演技・演出が型となる。換言すれば、先輩から教わった型――一挙手一投足・台詞の言い回しなどを尊守し、そのなかにまず自分の魂を吹き込み、然る後、それをベースに日々自分の研究を加え、型と魂を深めてゆくというスタイルだ。

一口に言えば、幸四郎は心理寄り、吉右衛門は理性寄り、と大別することが出来ようか。同じ種類の役柄を得意としながらも、これだけアプローチの仕方の異なる二人に染五郎がよく教わり、自分の芸を作りあげてゆく過程は大変興味深い。どちらか生理に合うほうを選ぶのか、もしくは、適度に両者混じり合ったものになるのか。それは現時点ではまだハッキリしないとしても、今後の染五郎を見てゆく上で、大きな関心事となってゆくのである。

四

とにかく、染五郎はまだ自分の芸を作り上げてゆく途上だが、同時に、後輩を率いて座頭となる機会も持ち始めている。そうした場合、染五郎はどのように後輩を導いてゆくのだろうか。

最近、歌舞伎を現代劇も含めた座標のなかに位置付けようとする傾向が強くなってきた。それとどう付き合うかが今後の歌舞伎の大きな課題と言っていい。しかし、卑見によれば、あまり現代劇に歌舞伎を近づけようとしすぎるのは、いい結果を招かない。何故なら、現代劇は基本的にリアルな表現——写実的・心理的な演技をするものだからであり、それは歌舞伎で培われてきた表現方法とは発想の出どころを異にするのだ。にも拘わらず、時代の風潮か、リアルさを志向する傾向は最近の歌舞伎に無視できないほど入ってきている。

顕著な例が『寺子屋』の「大落とし」だ。大の男が溢れる涙を抑えきれず、人目を憚らず号泣する件である。後段の山場で、竹本の哀切な演奏に負けない演技が求められるため、懐紙を分厚く手に取り、その懐紙を顔から離し、激しく身体を揺する――つまり大時代に、様式的に泣くのが本来の歌舞伎の発想である。

涙を拭うだけだから懐紙は一枚あれば充分、直接顔にあてるのが自然だ、というのは写実的演技の発想である。大時代に泣くことで時代物の主役に相応しいボリューム感・愁嘆が出るのだし、それでしっかりとみせられれば、写実的に泣くよりもはるかに観客の涙を誘うものなのだ。その証拠に、『尼ヶ崎』でも『弁慶上使』でも『袖萩祭文』でも、大落としの件では小道具を顔から離し、大時代に泣いているではないか。

しかし、最近の松王丸は、掴む懐紙は一枚か二枚、それもベタッと顔につけ、身体もあまり揺すらずに泣くのが普通になってしまった。これが歌舞伎に写実が入り込んできている一例である。

しかし、歌舞伎ではこういうものがあまり増えてきてはいけない。歌舞伎は――特に時代物は、様式的な演技やスペクタクルでみせる側面が強い。そこへ現代的な写実的・心理的な演技を持ち込んだとしても、それはしっくりと溶け合いづらいものなのだ。

とはいえ、現代人である今の役者に、百パーセント古風な演技を徹底すべきだというのは難しいだろう。前述の通り幸四郎は心理の占める割合が比較的多い芸風だし、吉右衛門や仁左衛門にも心理的な演技は多々みられる。

しかしそういったベテランの場合には、歌舞伎の伝統的な手法――つまり様式や型で表現する技量を充分に備えた上、自己の裁量で前後との有機的な繋がりや全体とのバランスなどを考え、部分的に心理的な演技を持ち込んでいるということだと思うのだ。この順序を間違えてはならない。

以上のことを染五郎自身も留意した上で、後輩を導き、これからの歌舞伎を作っていってほしいと思うのである。

五

後輩だけではない。染五郎は同世代の役者のなかでもわずかに年嵩であるため、場合によっては同世代の仲間たちを束ねてゆく立場にも置かれている。

しかし、同輩の多くは自らが芯となる役者ばかりである。例えば猿之助・海老蔵・勘九郎は、すでに座頭として興行を行っている。菊之助もいずれ菊五郎劇団を統師してゆくだろう。松緑は舞踊の一幕を受け持つ機会がすでにあるし、今後は世話物の主役を手掛ける機会もきっと増えてゆく。七之助にしても、三姫など、女形の大役を次々と勤め、相応の結果を出している。

そうした役者たちを、染五郎はどのようにして束ねてゆくのだろうか。

ちょうど彼らが一堂に会したのが、平成二十五年九月の歌舞伎座である。このとき『陰陽師』という一座総出の新作がかかった。染五郎は安倍晴明という主役だったから、染五郎の発言で演出が決まった部分もきっと多かったことだろう。そのときのことを振り返って、染五郎は

「リーダー的な存在になるタイプではない気がするんです。ただ、何かの言い出しっぺではあるのかなと思いますね」

と語っている（『演劇界』平成二十六年二月号）。つまり、強権的に決定権を握ったり、嵩にかかるような態度は控えるが、必要なときには先頭に立つのは厭わないという心構えだろう。

染五郎はまた、今年（平成二十九年）六月八日にラジオ番組に出演した際、伝統を受け継ぐということについて、要約すると次のように語っていた。

「自分は父の弁慶に憧れている。だから自分の弁慶を作るというよりも、父の弁慶の素晴らしさを後世に伝えてゆくため、広めてゆくために自分が受け継がなくては、という気持ちが強い。そういう風に憧れを持っているのは、何も父の弁慶だけでない。様々な役で様々な先輩に対して同様の憧れがあって、その先輩の型・素晴らしい芸を寸分違わず後世に伝えてゆけるか、あるいは、それが永遠に消えてしまうかは、自分次第だというつもりでいる。受け継ぐって、そういうことかもしれない」

伝統を繋いでいく歌舞伎役者として、とても頼もしい発言である。こういった心構えや姿勢を見るにつけ、染五郎が次世代のリーダーとして、同世代の役者たちを束ねてゆく存在になるのは間違いない、と思えてくるのである。

六

終わりに、そうした染五郎に強く望みたいことがある。高麗屋の芸である実悪・実事に取り組む頻度をもっとあげてほしいのだ。

時間はかかるかもしれない。最初のうちはいい評判ばかりではないかもしれない。しかしそんな時に思い出してほしいのは、幸四郎も吉右衛門も、若い頃には線が細く、今のような大きな役者になるとはとても想像できなかったという、とある人の言葉である。

弁慶や知盛で、高麗屋の遺伝子を確かに感得させた染五郎なのだ。その天分を本物の実りとするためには、目指すべき役柄を繰り返し手掛け、深めてゆく必要がある。

その下準備として必要なのが、本格的な声音《こわね》の鍛錬である。十代目幸四郎の襲名も決まった以上、今の染五郎に必要なのは、二枚目・和事に執着することではなく、『阿弖流為』や『弥次喜多』で人気をとることでもなく、声音の鍛錬に正面から取り組んで、実悪・実事役者へと変貌することなのである。

尾上松緑 ——二つの課題とその先の可能性——

一

ほぼ全ての松緑の舞台で、気になることが二つある。化粧《かお》と台詞回しである。

松緑の化粧は、狂言の種類や役柄を問わず、目張りがかなり鋭く入れられているほか、隈取りや眉の書き方などに、疑問が残ることが少なくない。そういう化粧のときは、まず舞台に姿を現した瞬間に小さくない違和感を覚え、その後も、ずっと妙な感覚が拭いきれないまま舞台が進行してゆく。

平成二十八年の歌舞伎座に限ってみても、『茨木』の渡辺綱、『浜松風恋歌』の此兵衛、『対面』の五郎、『桔梗旗揚』の光秀、『碁盤忠信』の横川覚範などでそういう感覚を味わった。

台詞回しも、いつでも同じような一本調子なのである。例えば『三笠山御殿』（平成二十七年十二月歌舞伎座）の鱶七の、「このような立派な御殿を構えておきながら、イシがないとは」という台詞である。ここは、活け殺しを駆使し、迫力と愛嬌のある台詞にしなければいけないのだが、松緑の場合には、「このような、立派な」を強く大きく発声し、「御殿を構えておきながら」で一気に下げ、そして再び「イシが」を強くアクセントを置いて発声し、「ないとは」でまた急激に下げる――万事このリズムが繰り返されるのである。

この一本調子の癖は鱶七に限ったものではなく、荒事・時代物・世話物・新歌舞伎・舞踊劇など、あらゆるジャンルの狂言に共通してみられ、長年に渡って改善されていないのである。二度の例外を除いては――。

例外の一つめは、『新薄雪物語』の伊賀守を初役で勤めた時のことである（平成二十五年九月歌舞伎座）。

その初日の舞台において松緑は、長年の一本調子の癖から見事に解放され、実に義太夫狂言らしい抑揚とうねりのある台詞を聞かせたのである。幸四郎の指導によるものだったようだが、あれだけ根強い一本調子の癖を持っていた松緑が、その教えを見事に体現してみせたのに深く感動した。そしてその舞台での松緑は、それまでとは全く見違えるようないい役者として、筆者の目に映ったのであった。

体躯が立派で、声音も太く、いかにも男性的な魅力に溢れ、芸に厚みがあり、義太夫狂言の大役に必要な格までも備わっていた。歌舞伎役者としての豊かな天分の持ち主であることを証明してみせたのである。

ところがその後、三日め、七日めと、日を追うごとに少しずつ台詞の抑揚が薄れてゆき、中日頃には完全にいつも通りの一本調子に戻ってしまった。そうなってからの松緑は、初日からすればまるで別人のように色褪せて映ったものだった。

例外の二つめは、『先代萩』の荒獅子男之助（平成二十七年九月歌舞伎座）である。このときも、初日こそ「取り逃がしたか、残念だ」などで見事な荒事風の台詞を聞かせ、荒事に向く役者であることを証明してみせたのに、またもや日を追うごとに、自己流の一本調子——すなわち言葉の頭にアクセントを置き、急激に下がるという台詞回しに戻り、千秋楽まで改善されることがなかったのである。

これらの事実から理解されるのは、化粧と台詞回し——特に一本調子の台詞回しが原因で、松緑が多分に持っているはずの天分と魅力が、大きく損なわれてしまっているということだ。

そして、非礼を承知で言えば、もしかしたら松緑は、普段の自分の台詞が一本調子であることに気が付いていないのではないか、と想像されるのである。もしそうであるならば、幸四郎の指導を得て、劇的にその台詞回しが向上したことには、きっと気がついておらず、初日から日を追うごとに台詞の抑揚が薄れていってしまったことにも、当然、自覚を持つことはないのである。

二

以上が長年にわたっての松緑の舞台上での現実である。しかし、これらの現実と、松緑の公での発言とのあいだには、大きな逕庭《けいてい》がある。

例えば平成二十六年九月公演の記者会見で、『陰陽師』上演に際し、新作へのスタンスを聞かれた時の発言である。

〈いまある歌舞伎のイメージ通りの新作（筆者註：古典歌舞伎の雰囲気に近づけた演出の新作、という意味だろう）〉については、「慎重なスタンス」を持っており、「膨大なる労力と精神力」をかけないと「お金をいただくのに値するものが創れないと思」っていると言う。

また、〈これを歌舞伎と言っていいのかというような新作（筆者註：古典歌舞伎のイメージなどから大きく離れた演出の新作、という意味だろう）〉については、「主義的に好きなジャンル」ではないから「二の足を踏んでしま」う。そのため、「自分は得意なところで感性を研ぎ澄ませていきたい」と話していた。

これを要するに、比較的歌舞伎らしいか否かに関わらず、新作に割く時間と労力があるならば、できる限り古典のために割いていたい、ということだろう。

因みに、その記者会見に同席した染五郎・菊之助・海老蔵・愛之助・勘九郎・七之助の受け答えはみな、「歌舞伎は古典が一番大事だが、現代のお客に訴えかけるには新作も必要」という趣旨で大同小異である。

歌舞伎で大事なのは古典であるとは、誰もが当たり前に口にする言葉だが、一方で、ほとんどの役者は新作への欲求を抑えることができない。恐らく、歌舞伎が古典であると意識すればするほど、時代との繋がりの薄さに息苦しくなるのだろう。歌舞伎役者が一人の現代人である以上、そういった感情を持つのはあまり不思議ではないように思う。

そうしたなかにあって、松緑だけは新作に常に懐疑的で、慎重な態度を貫いているのである。古典至上主義者を思わせるほどの頑なさだ。

確かに、思い当たる節は色々あって、例えば『陰陽師』のカーテンコールに出なかったのも、〈歌舞伎にカーテンコールという発想はない〉という主張によるものだろうし、「現代での歌舞伎」だとか「歌舞伎を現代に息づかせる」などという言葉も、松緑からは聞いた記憶がない。更にまた、思い返せばこの十年、菊五郎劇団恒例の一月の国立劇場を除き、復活や新作の類、現代劇や映像に出た回数が相当少ないのも、松緑の古典に対する姿勢の一つの現れのように思えてくるのである。

もう一つ、『演劇界』（平成二十六年七月）でのインタビューを引用したい。舞台へのモチベーションをどう上げるかという質問に、松緑はこう答えている。

「上げません。上げも下げもせず、平常心を保つということです。朝起きた時にいつも思うのは、昨日より半歩でも三分の一歩でも前進したいということで、半歩でも進もうと思っていると五分の一歩くらいは進めるものなんです。それによってまた次の課題が見つけられる」

実に真摯な発言である。と同時に、淡々と答える松緑の様子が浮かんでくるようでもある。決して気取らず、飾らない。ひたすら正直に、ありのままを曝け出しているという印象である。また、祖父・二代目松緑の当たり役、『髪結新三』の新三に初役で挑戦した際（平成二十七年十月歌舞伎座）も、「祖父や父に、お前は新三をやる役者じゃねぇなと言われないだけのものをやらなければ」と、かなりの意気込みをみせていたのは記憶に新しい。

古典に対するストイックな姿勢、技芸向上への誠実さ、そして、祖父・父への敬慕、『髪結新三』への意気込み。

これらの発言を聞く限り、松緑の台詞回しには、もう少し変化が生まれてもよさそうなものである。筆者にはそう思えてならないのだが、かといって、松緑の発言が全くの嘘とも、その場しのぎの取り繕いだとも思えない。現に、どの記事を読んでも、似た趣旨の発言をしており、そう言うだけの根拠・確固たる意思があるように思えるからである。とすれば、松緑は日々の舞台で、何か確かな手応えのようなものを感じているのは間違いなさそうなのである。憶測するなら、それは身体を使っての表現ではあるまいか。台詞ではなく仕科でみせる件では、松緑は相当な佳演をするのである。

三

例えば『寺子屋』の源蔵。菅秀才（実は小太郎）の首実検が済んで、松王と玄蕃が引っ込んだ後、源蔵が菅秀才の無事を確認すると脱力してその場に座り込み、立ち上がろうとはするものの放心のあまりなかなか立てない、という件がある。その件を松緑の源蔵は、平成二十七年三月歌舞伎座の所演で、かなり長い時間、竹本の絲に乗って、実に濃厚でコクのある芝居をみせたのである。それは松緑の源蔵で最も優れていた件として、筆者の記憶に鮮烈に焼き付いていた。

ところが翌年五月、松緑が再び源蔵を演じたときには、何故かその件を少し短く、あっさりと済ませるようになっていて、誠に物足りない思いをした。それほどまでに、その件の松緑の演技は素晴らしかったのである。

もう一例は、『蘭平物狂』（平成二十六年六月歌舞伎座）や『丸橋忠弥』（平成二十七年五月歌舞伎座）でみせた激しい立ち回りである。普通、歌舞伎の立ち回りは、絡みが激しく動き、芯になる役者はそれをあしらって見得をする、ということが殆どなのだが、この二つの芝居では、芯である松緑が激しく動き、自らの肉体を危険に晒し、かなりの離れ業をみせ、喝采を浴びていたのである。

松緑が日々の舞台で手応えを感じているとするならば、きっとこういうところではないかと思うのだ。

四

以上、松緑の舞台における課題と美点とをそれぞれ挙げてきた。では述べてきた課題の改善のためにどういう手段が考えられるだろうか。

化粧については、優れた先輩――特に祖父である二世松緑の写真などを参考にする、といったところだろうか。また、六代目梅幸の『女形の事』や、中村芝鶴の『役者の世界』などを読む、という選択もある。前者には、役柄ごとに化粧を変えるという話や、役者の顔がどうすれば舞台で映えるか、などを研究した話が記してあるし、後者にも、役によって目張りや眉の書き方が異なってくる、ということが文章と絵図で具体的に説明されている。どちらも女形の書いた本ではあるが、立役の松緑にも得るものはあるのではないだろうか。

台詞回しに関しても、根本的に改良するには、義太夫節の稽古をしたり、優れた先輩の録音を毎日聴く、といったようなことが必要となってくるのではないだろうか。

こう書いてきてつくづく思い出されるのは、とあるベテラン役者の「義太夫は歌舞伎役者にとって義務教育のようなもの」という言葉である。昔は歌舞伎役者を志す人は、若いうちに必ず義太夫節に取り組んで台詞の勉強をしたものなのに、今の若手に、そういう意識を持った役者が少なくなってきていることを嘆いた言葉なのだ。

この言葉を裏付けるかのように、若手世代の役者のほとんどは、台詞になお未だしの感がある。

幸い、松緑は声量に恵まれているし、通りやすい声質でもあるのだから、見事な台詞術を獲得したならば、その持ち味と魅力を、舞台上で存分に活かせる役は、決して少なくない。例えば、『三笠山御殿』の鱶七、『御所五郎蔵』の土右衛門、『桔梗旗揚』の光秀などがそれであって、みな男性的で骨太な役である。こうした役々に扮して、滔々と雄弁術を披露する松緑。想像するだけでも実に素晴らしく、魅力に溢れる役者ではないか。

『関の扉』の関兵衛なども期待できる。平成二十七年十二月歌舞伎座で演じられた関兵衛の、前半部の踊りのうまさに加え、後半の見顕しをしてからの、あの王子の鬘がよく似合った風貌を見る度ごとに、化粧と台詞さえ良ければ、としみじみ思ったものだった。

王子の鬘といえば、大きな顔・立派な体躯・芸の厚みや格・スケール感などがなければ、到底似合うものではない。王子の鬘が似合っていたということは、松緑の肉体が、列挙した数々の資質を十全に備えている何よりの証拠と言っていい。それこそが松緑が父祖から譲り受けた、歌舞伎役者としての豊かな天分なのである。

持たぬ者が、いかに努力をしたとしても得られぬ天分を備える松緑である。化粧と台詞回しさえ改善されれば、余人をもって代え難い魅力を持つ役者として、必ずや第一線に躍り出るはずなのである。

市川猿之助 ——澤瀉屋の精神——

一

猿之助をイメージするとき、まず頭に浮かぶのは「冷静」と「意志」、そして「達者」という三つの言葉である。すべて彼の舞台に様々な形で現れている。

「冷静」というのは、猿之助の演技には、役に没頭するというよりは、少し突き放した、客観的なものがあるのを感じるのだ。その特徴が最もよく現れていたのが『東海道五十三驛』（平成二十六年十月演舞場）である。主演の猿之助が十八役（立役十一、女形六、物の怪一）をめまぐるしく早変わりする芝居で、何に瞠目させられたかといえば、猿之助がその全ての役を、一定以上の水準で演じ分けていたことだった。

猿之助は本来女形に向く芸質の持ち主だし、亀治郎時代には女形の経験が豊富だから、十八役を優れていた順に並べると、上位はほとんどを女形が占める――特にお松という役で上手《かみて》の障子屋体から出てきた瞬間の抜群の美しさ、しっとりとした色気は忘れられない――が、とてもニンとは思えない役々にも、極端に不出来なものがなかったのである。こうした早替わりものでは、出来のいい役と、そうでない役との落差がハッキリつく場合が多いのに、猿之助がそうならなかったのは、ひとえに自己を客観視したところがあるからだ、と思うのだ。

この客観ということをもう少し具体的に言うならば、猿之助の演技には、こうすればこの役柄らしく見える、今この状況で強調して表現するべきはこれだ、といったような計算が強く感じられる、ということだ。

それは人によっては、芝居が過剰すぎるとか、ちょっと説明的だとか、理屈っぽくなりすぎる、などという風に捉えられるかもしれないけれど、人によっては逆に、分かりやすいとか、知性が感じられて魅力的、という風に捉えたりもする。そんなところが猿之助の特徴であり、人気の一因なのではないだろうか。

こうした、一歩引いた客観性を持つ猿之助ならではと思われる出来事がもう一つある。『NINAGAWA 十二夜』のロンドン公演でのことである（平成二十一年九月）。この公演では、ロンドンの観客は、亀治郎（当時）演じる麻阿に大きく注目した。その証拠に、劇評の載ったロンドンの主要四紙のうち二紙が亀治郎を絶賛、一紙は絶賛とはいかないまでもかなり好意的に評している。さらに、演出を担当した蜷川幸雄氏は、初日のパーティーでロンドンの演出家三人に囲まれ、「亀治郎さんを紹介しろ」と言われ、そのうちの二人は、「どっちが先に亀治郎さんと仕事をするかで言い合いになった」という（『祝！ 四代目市川猿之助襲名記念 僕は、亀治郎でした。』）。

猿之助は、後にこの麻阿という役を振り返り、「なるべく歌舞伎っぽくし」なかった、と話している。このような考えを持ち、実行に移すためには、「歌舞伎っぽい」の定義を明確に持ち、「歌舞伎っぽく」やろうとすれば出来る役者でなければならない。このような、自己だけでなく、歌舞伎そのものをも客観視できる冷静さ、そして頭で考えた通りを実行する大胆さと自信が、ロンドンの人たちに魅力的に映ったのだと思われる。

もう一つのキーワード、「意志」。それが強烈に感じられたのは、猿之助襲名の直前、亀治郎として最後の舞台出演となった『五・六段目』の勘平（平成二十四年四月新橋演舞場）である。このとき亀治郎は、敢えて関東の音羽屋型でなく、上方の型で演じた。上方風の味は、身体に染みついたものでないだけにそれほどでもなかったが、する事は――特に台詞の言い回し・呼吸・緩急などは、指導者・坂田藤十郎のそれそのままだった。台詞を一つ聞いただけで、藤十郎に習ったことは明らかで、そこに亀治郎らしい匂いは殆どない。こう書くと強い意志どころか、これ以上ないくらいの無私に思えるかもしれないが、これは徹底して無私であろうとする強い意志なのである。藤十郎の指導に完全に身を溶け込ませ、亀治郎らしさを無くしたところに、かえって亀治郎らしい強固な意志を感じたのだ。

指導者が目の前に提示したものを、無批判に模倣する――それは確かに、初役として勤める者の掟、教えを乞うた人への礼儀とされるものではあるのだが、そうした慣わしとしての範囲を超えて、彼自身の強い意志から、その教えに忠実になったのではあるまいか。恐らく、まだ基礎固めの段階である自分が現時点で自己を主張するよりも、大先輩の教示をそっくりそのまま受け入れたほうが得るものが多い、という考えがあったのではないだろうか。

以上述べてきた「冷静」と「意志」。その二つを底からしっかりと支えているのが、猿之助の「達者」さである。それがなければ、前述してきたような舞台上での成果は到底あげられなかったと思うのだ。

二

ところで、この「意志」という言葉には、また別の側面がある。まだ基礎固めの段階であるという強い意識から、勘平であれだけ無私に徹したということは、もし猿之助が、基礎固めの段階を過ぎたと判断したらどうなるか。

その極端な例を『渡海屋・大物浦』（平成二十八年六月歌舞伎座）にみた。猿之助の典侍の局は、初役であったにも関わらず、古典歌舞伎の文法を無視した演技が目立ったのである。まず気になったのは、竹本との兼ね合いだ。例えば、竹本が〽手に取るように見ゆるにぞ」と語ると、典侍の局の「あれあれご覧ぜあのなかに、知盛のおわすらん」という台詞になる。通常であれば、竹本が語り終わると同時か、終わってから台詞にかかるところである。しかし猿之助は、竹本がまだ語り終わらぬ内に「あれあれご覧ぜ」と言ったのである。同じような事が一幕中に何箇所もあって、筆者には徒らに芝居運びを早め、義太夫狂言のテンポを崩しているようにしか思えなかった。

また、「ようお言い遊ばしたな」という台詞では、「よう、お言い、遊ばしたな」と三度に切り、切る度ごとに、大袈裟な音を立てながら呼吸する、という台詞回しをした。「御供致しますわいな」や「守護したてまつれ」など、重要な台詞はみな同様だった。恐らく猿之助は、この役が、立女形の役のなかでも有数の大役・難役であることを強く意識して、是が非でも烈女の裂帛の気迫を表現したかったのだろう。

が、そのために台詞の音楽性を犠牲にしていたのはいけない。役を、性根を表現するためなら、台詞が音楽的でなくてもいいという考えは、古典歌舞伎の性格に反しているのではないだろうか。

歌舞伎の文法・様式に乗っ取った音楽的な台詞回しで観客を陶酔と官能へ導き、そのなかに凄まじい気迫を込めるのが一流の典侍の局だと思うのだ。勿論、それは一朝一夕に出来ることではないかもしれないが、古典の大役を勤める以上、少なくともそこを目指そうとする姿勢はなくてはならない。猿之助は、普通の歌舞伎の台詞回しをしようと思えば充分やれる役者だけに、このときの失望は大きかった。

似たようなことは〈家の芸〉とされる演目や、繰り返し演じてきた演目にもみられる。その代表的なものが『黒塚』である。

猿之助は、襲名公演での初役以来、この狂言を現時点で五度手掛けている。五度目（平成二十九年一月演舞場）の所演では、四度目（平成二十七年一月歌舞伎座）とは大きく変わっていたところがあった。後シテの出の寸前、「いかに旅僧、止まれとこそ」という台詞をマイクを使って言っていたのである。この台詞は、最前からの老女が実は鬼女であったのだ、と確信した旅僧たちが、姿の見えぬ鬼女を探しだそうとするところ、逆に鬼女が、その旅僧たちを後ろから呼び止める台詞である。そこでマイクを使うのは、隈取りをした不気味な姿、異形の者という印象を強くするためだろう。その意図は汲める。

恐らく猿之助は、『黒塚』が昭和十四年初演の新作舞踊であることと、〈家の芸〉であることから、マイクの使用という新演出の採択などに、比較的ハードルが低かったのだと思われる。

しかし、『黒塚』は、初演から時間が相当経っていて、今では半ば古典に近い作品として歌舞伎のレパートリーに入れられているとは言えないだろうか。もしそうであるならば、肉声で不気味さをだす事こそ、芸の仕所・腕の見せ場としなければいけないし、また、ストーリーを楽しませることよりも、むしろ皮膚感覚による官能美に浸らせることが重要にもなってくる。マイクを通して拡声された台詞に、歌舞伎独特の官能はない。肉声による官能を大事にする感性は、古典歌舞伎の深いところに根ざしている。それほど大切なものを犠牲にしてまで表現すべきことが、本当に歌舞伎にはあるのだろうか。

「澤瀉屋のものに関しては自分が張本人という意識です。どう演ったとしても、僕がやることが澤瀉屋の芸だという考え」（『染五郎の超訳的歌舞伎』染五郎と猿之助の対談での発言）自体はなるほどとは思うものの、それと歌舞伎の矩を逸脱して古典に手を加えることとは、まるで違うのはないだろうか。

典侍の局での台詞回しも、『黒塚』でのマイク使用も、猿之助の強固な「意志」のもう一つの現れ方であり、同時に、澤瀉屋代々の反骨精神によるものなのかもしれない。

もしかしたら猿之助は、それらが古典歌舞伎の美意識や感性に反していると承知した上で、敢えてやっているかもしれないのである。

三

あるいはこう思う人がいるかもしれない。あなたの言う美意識・感性とは何なのだ、どこに明文化されているのだ、と。

あるいはこう言う人もいるかもしれない。江戸時代にマイクがあったなら、当時の役者はきっと使っていた。歌舞伎は本来、「古典」などという枠に収まるものではなく、どんなものでも貪欲に吸収し、取り入れてきた。だから『黒塚』でマイクを使ったとしても、それは歌舞伎の伝統に悖る行為ではないのだ、と。

なるほど、歌舞伎の美意識や感性などといったところで、それは曖昧で形のないものだ。しかし、確かにあるのである。少なくとも優れた先輩たちは、先人から受け継いだ曖昧で形のないものによる制約――古典歌舞伎の様式や文法・型・美意識・感性・その他による様々な制約――を受けながら、その先に大切な何かがあると信じ、追い続けているのではないだろうか。

自分ならではの味わいや演じ方を打ち出すことは、舞台に立つ者にとっては理想だろう。しかしそれは、先人から伝えられてきた様々な制約に縛られながら、その中で大切な何かを探し続け、その果てに、芸境がある高みに達してから自然に滲み出てくる結論のようなもの――それが尊いということなのであって、今の猿之助が、古典のなかで自分ならではの表現をしようとしたところで、それは曖昧で形のないものに縛られるのを嫌った結果であるように映ってしまうのだ。

貪欲なのも歌舞伎の一側面ではあろう。しかし現代におけるそれは、古典のなかに新しいものを取り入れるというよりは、時代に合った新作を生み続ける、ということなのではないだろうか。

というのは、現代は、多くの古典歌舞伎の演目が作られた封建期とは発想の出どころを異にする。それだけに、もし古典のなかに現代的な新しい感性による発想を取り入れたとしても、それは異質なものなだけに、有機的に繋がるものにはなりにくいのである。

となれば、古典は古典としてそのまま継承し、出来る限り崩さないように残しておく。その一方で新作への挑戦も続けてゆく。それが現代の歌舞伎における貪欲なのではないか。

新しい表現、自分なりの表現を希求する心——それ自体は素晴らしいと思う。けれども、その欲求は新作で満たすべきだ。古典の引き出しにない台詞回しやマイクの使用を、四代目猿之助なりの新たな表現だとするならば、それはスーパー歌舞伎Ⅱなどでするべきであって、『渡海屋・大物浦』や『黒塚』のなかに持ち込むべきものではないのである。

以上、述べてきたことと関連して言っておきたいのが、「チケットが売れる芝居、お客が喜ぶ芝居がいい芝居」だ、と公言して憚らない猿之助の姿勢についてである。その信念を持つに至ったのは、三代目猿之助が孤立無援の状況から奮闘して、最もチケットが売れる役者になった過程を見てきたからかもしれず、また、現に猿之助の出演する公演が即日完売になるなどの結果を出しているから、堂々とそう言えるのかもしれないが、次代の歌舞伎の担い手であってみれば、その姿勢には少々疑問を持たざるを得ない。

伝承してゆかなければならない歌舞伎の演目は、必ずしもチケットの売れ行きが良いとは限らないのが現状である。例えば、『新薄雪物語』（平成二十七年六月歌舞伎座）の舞台には、当代の大立者が顔を揃え、平成の義太夫狂言の最高水準と言える芝居が展開されていたにも拘らず、客席は少しく寂しいものだった。

繰り返すが、典侍の局で聞かせたあの台詞回しや、『黒塚』でのマイクの使用が、古典の継承よりも〈売れる芝居〉、〈お客を喜ばせる芝居〉を優先させた結果であったならば、猿之助は歌舞伎役者としてとても大事なものを見失っていたのではあるまいか。今一度、それを問いたいのである。

四

猿之助は古典の文法に忠実に演じ、充分に結果を出せる役者である。その証拠が、『熊谷陣屋』（平成二十九年四月歌舞伎座）の相模だった。この舞台では、自己流の演技を抑制し、丁寧に演じた結果、実に落ち着いた良い相模をみせたのだ。

この舞台でみせたように、猿之助が古典の女形の大役を優れた先輩から継承し、同世代の仲間たちと共に舞台にかけていったなら、これからの歌舞伎がどれほど豊かに彩られてゆくだろうか。

尾上菊之助 ――両性具有的な魅力――

一

菊之助は、二十代の頃はほぼ女形に専念していたが、三十歳を過ぎた頃から立役が増え始めた。

菊之助の祖父にあたる七代目梅幸は女形だったが、義経や勝頼といった和事系統の立役も時々勤めていた（ライバルの六代目歌右衛門が、立役を殆ど勤めなかったのとは対照的である）し、父の菊五郎も二十代までは女形が多く、三十一歳での襲名後は立役をメインに据えながら、平成十八年、六十四歳での政岡まで、女形も時々勤めていた。代々の音羽屋の多くがそうであったように、梅幸も菊五郎も、立役・女形の両方の道を歩んできたわけである。最近の菊之助を見ていると、どうやら菊五郎のようなタイプを志向しているように見える。

しかし、ここで一つ注意がある。梅幸にとって立役は加役であるため、出来る役と出来ない役を慎重に選んでいた。菊五郎はどちらかと言えば立役に向く芸質であったため、女形は若いうちは将来の立役転向を見据えた上での修行の一環、ある時期からは、父・梅幸や六代目菊五郎をはじめ、音羽屋代々の勤めてきた役を受け継ぐため、という面があったと思う。

ところが菊之助は、祖父・梅幸同様、女形が高く評価され、立役転向を惜しむ声が少なくない。父・菊五郎とは反対に、女形にこそ向くのではないか、という意見である。筆者もそう考えており、菊之助の女形には強い未練を残している。彼の女形は、それだけ大きな魅力と可能性を感じさせるものなのである。

二

ところで、菊之助は女形に扮する時と立役に扮する時とで、感触が大きく変わる。これは菊之助をみてゆくに当たって極めて重要な事柄と言っていい。

具体例として、女形からはまず『寺子屋』の千代（平成二十八年五月歌舞伎座）を挙げたい。このときは海老蔵の松王・松緑の源蔵・梅枝の戸浪という若手揃いの一幕で、菊之助に千代が配役された。結果は、木戸口での第一声が泣きすぎであった他、いくつか気になる点はあったもののトータルでは充分に良い千代であったと言える。まず黒の着付けが似合っていたのがさすがだった。黒の衣装は、着こなすのが少々難しく、女形としての柔らかさ・品位・技量、それに厚みなどが備わっていなければ、色に身体が負けてしまうのだ。

クドキでも〽寺入りさすという」で揚幕をぼんやり見やる件の哀れさや、〽包みし祝儀」で懐紙を噛む件の、胸を締め付けられるような切なさが良く、〽死ぬる子は媚よし」で経帷子を頬ずりし抱きしめる仕科にも、残酷な封建社会のなかで子を犠牲にせざるを得なかった母親の、やり場のない悲しみを見事に描出した。菊之助の女形としての可能性を、強く感じた所演なのであった。

もう一つは『吉野川』の雛鳥（平成二十八年九月歌舞伎座）だ。まず障子が開いた瞬間の赤姫らしい高貴さと、楚々とした美しさが得難く、それに加え、いかにも深窓の令嬢といったおっとりとした雰囲気と、透きとおるような声音である。これだけでも、菊之助の女形の才能が極めて非凡なものであることがわかるのだ。

クドキの件でも、一つ一つのキマりから次の仕科に移るまでの、流れるような運びに瞠目させられたが、特に〽鵲の橋はないか」で右の袂を大きく振りながら下げてゆき、上体をやや前屈させ、両手を地面につき、身体を起こしながら、右の袂を高々と掲げ、橋のかたちをとってキマるまでの件には、義太夫狂言の大曲に相応しいボリューム感が看取されたのだった。

更にまた、なかなか思い切れない定高に向かい、「サァ母さん、切って、切って」と迫ってゆく件の緊迫感。そこには、来世への希望を持ちながら、恋のために死のうとする少女の、激しくもピュアな感情が迸っていたのである。

この雛鳥を見ながら、筆者は菊之助演じる定高を空想し、やがてそれは、染五郎の重忠を得ての遊君阿古屋、海老蔵の助六を相手に歌舞伎座の大舞台に爛漫と咲き誇る、桜のごとき揚巻にまで広がったのであった。

ところが、女形でこれだけ義太夫狂言らしい演技をみせる菊之助が、立役に扮すると途端にその芸質は変わる。

例えば『一條大蔵譚』（平成二十八年九月歌舞伎座）の鬼次郎。確かに打倒平家、源氏再興に燃える武士という雰囲気はあり、役柄も決してニンでないとは言えないが、どこか肉体や声音などに、義太夫狂言の雰囲気と調和しないものが感じられるのだ。

次は世話物の立役に目を向けてみる。すぐに思い浮かぶのは『青砥稿花紅彩画』（平成二十六年二月歌舞伎座）の弁天小僧菊之助である。これはさすがに〈家の芸〉だけあって、実に見事な所演だった。性の倒錯の面白さを、菊之助はその美貌や両性具有的な魅力を十二分に活かし、ごく自然に、色濃く描き出す。台詞回しもうまく、「厄払い」の名台詞は、総体に世話物らしくサラサラと運んでゆき、要所要所——例えば、「小耳に聞いたとっつぁんの」や、「菊之助たぁ、俺がことだ」などで緩急をしっかりつけたり、時代に張ったりする。その具合が誠に絶妙であったのだ。その上、「ぶたれた俺の向こう傷」をやや時代っぽく言い、それから「もし旦那、この始末は一体どうつけておくんなさる」で一挙に砕ける妙味なども、実に堪能させたのだ。

しかも、それらの演技のタッチや何気ない佇まいは、どこまでも世話物風のスッキリとした軽い感触を基調とし、いかにも黙阿弥の世界に息づく人物になっていたのである。これは菊之助の特性や持ち味が大きく活かされた役と言ってよく、音羽屋の〈家の芸〉を継ぐ立場の役者が、天性それに相応しいものを持って誕生してくる不思議を、つくづくと思ったものだった。

ここまで述べてきたことを要するに、菊之助は女形では時代物向き、立役では世話物向きになるのである。一つの身体なのに、これほどまでに芸質が変わるのである。そして、菊之助にどちらをより強く望むかと問われれば、筆者としては女形に手を挙げたいのである。

三

おそらくこういった声は、菊之助の耳にもいくらか入っていることと思う。にも拘わらず、菊之助が立役を増やしている理由は一つだろう。いずれ菊五郎劇団を牽引してゆくことに目標を据えているのである。いざその時がきたら、女形一辺倒で立役は出来ません、とは言えないものなのだろう。

六代目歌右衛門は女形であるにも拘わらず、二代目鴈治郎や三代目延若、そして現梅玉などを集め、あたかも歌右衛門をトップとする一座があるようにみえた時期もあったが、基本的には歌舞伎界で役者を統率してゆくには、立役で一流と認められる必要があるのだろう。

その事情にさらに拍車をかけたのが、今後の歌舞伎界でトップに立つと目されていた勘三郎と三津五郎の逝去である。この信じがたい出来事に直面したとき、指導を受けるべき優れた立役の先輩達が、みな七十を越しているという厳しい現実が、急に重くのしかかってきたことだろう。立役を習えるうちに習っておかなくては、という焦りが出てくるのも、無理ないような気がしてくるのだ。

そういう理由ならば菊之助の女形にこれ以上固執するのは無意味――。そう思いたいのだが、素直にそう思えていないのが現実である。何故なら、この数年で菊之助の言動には驚かされ、賛同しきれないことが続いているからである。

例えば、『渡海屋・大物浦』(平成二十七年七月国立劇場)の知盛を勤めたことがまず最初に挙げられ、さらに翌年の『演劇界』(平成二十八年五月号)では、

「松緑さんが世話物をやるときに自分が時代物を出して、あるいはその逆があって……というようなことを劇団の公演として実現できる日が来れば、と思っているんです」

とも発言している。つまり菊之助は、自分が芯になって、時代物を出したいと思っているのである。時代物の芯ということは由良助・松王・熊谷など、（狭義での）立役ということになろう。

が、もし菊之助がそういった役を本役のように扱い、繰り返し勤めてゆくのだとしたら、それは歌舞伎が大事にしてきた〈ニン〉という言葉の無視ではないだろうか。

あくまでも菊之助の進むべき道は女形と、立役は二枚目・和事系統の諸役と世話物の大役である。それらを深めてゆくだけで充分のはずだ。それ以上の欲を出すと、本領とすべき役柄においてさえ、一流になる可能性を摘みかねない。

例えば、実悪や実事といった役では地を這うような太い〈呂の声〉が必要で、それは菊之助の大きな魅力である凛とした声音とは対照的なものなのだ。また、柄を立派にみせるために身体のラインなどを大きく硬くみせることも必要になってくるのだが、それも菊之助の持って生まれた美質に反するものではないだろうか。

よしんば、太い声や立派な柄を、訓練や何らかの工夫でいくらか得られたとしても、元々がそういうタイプでないだけに、どこまで行き着けるかには疑問なしとはいかない。それよりは向いている役柄に専念し、それらで一流になったほうがよほど良い。

六代目菊五郎は確かに稀なる芸域の広さを誇ったが、彼の場合にはまず柄と調子に恵まれぬ事情があり、それをカバーするために近代的な知性で作品と人物を見直し、自分でも演じられるように再構成したのである。そのようにして六代目に作り変えられた歌舞伎を「菊五郎歌舞伎」と呼ぶ人もいたが、それは一人の天才的な芸術家への惜しみない賛辞であると同時に、この歌舞伎は歌舞伎の正統ではない、という警句も含んでいたのではなかったか。それを思えば、六代目菊五郎のした事は、あくまでも一代限りの特例であり、後代の者が同じ道を歩もうとしても、必ずしも良い結果を招くとは限らないのである。

菊之助が領域を広げるのに反対な理由はまだある。菊之助の同世代には芯になる立役が多くいる。もし菊之助が完全に立役に転向し、女形を殆ど勤めなくなったとしたら、この世代は女形が極端に少なくなるのである。

まず、真女形は七之助だけ。立役・女形どちらにもなる役者として猿之助が挙げられるが、澤瀉屋のトップという立場上、立役よりも女形のほうが多くなるとは考えにくく、勘九郎も時々は女形に扮することもあるかもしれないが、それはあくまでも加役の範囲を出ない。

歌舞伎の大切な華ともいうべき女形の数がこれだけ寂しいのは、危機的な状況と言っていい。この世代に女形がこれだけ少ないと、女形の芸の継承が万全に進まなくなるかもしれないし、そもそも芝居を打つことが難しくなる。そういった諸々の事情を考えると、もう一人くらい女形が必要になってくる。その適任者は絶対に菊之助だと思うのだ。

清潔感のある美貌は誰もが認めるところ。立女形の役に不可欠な厚みを備えていて、その上、二十代から三十代前半にかけて女形の大役や踊りを玉三郎に多く教わり、充分な結果を残している事実――。菊之助が適任者だというのには、これだけの理由があるのである。

そこで、筆者が菊之助に望みたいのは、一通りの立役の勉強期間が終わったら、再び女形も多く演じてほしい、ということだ。

立役の修行を始めるのは立場上当然で、事実、立役への転向も実を結びつつある。しかし、女形の少ない状況を鑑みて、理想を言えば半々――それが無理ならせめて立役六分に女形四分くらいの割合で、女形も勤めてほしいのだ。

それが菊之助の資質を活かすため、女形の芸を受け継ぐために必要である。そして、菊之助が女形として一流の評価が定まった暁には、後輩の女形にそれを伝える。さすれば歌舞伎界全体が長き良き実りを得るのである。

四

さて、最後に言いたいのは菊之助の性格と芸風についてである。

例えば吉右衛門は、菊之助について次のように発言している。

「菊之助君の場合は、よく人の芝居を観ておりますから、ツーカーで通じる」(『オール讀物』

2015.09)

また、平成二十八年八月の大隈講堂での講演会では、

「菊之助君は真面目で几帳面な性格です。五代目菊五郎さんには小道具の位置に寸分違わずこだわったという逸話が残っていますが、その血を引いているように思うことがある」

という発言があった。

同じことを菊五郎からみるとこうなる。

「倅の舞台稽古を見に行くと、『もうちょっと破天荒にやればいいのにな』と思う時もありますよ。倅は先輩の教えた通りにやって、ミニチュア版になってしまっている」（『週刊文春』2016.05.19）。

吉右衛門とは違う方向から言っているが、どちらも向こうに見えてくる菊之助の性格は同じである。どうやら菊之助は、とても真面目で几帳面な性格なようなのである。

それは、筆者が舞台上から受けとる印象とほぼ一致する。というのは、菊之助は二十五日の興行のなかで、日々目に見えて良くなってゆく例が少なくないからなのである。最近のその顕著な例が、『先代萩』（平成二十九年五月歌舞伎座）の政岡だった。

初日の時点では、御簾が上がった瞬間の肚が薄く、手応えが妙に軽かった。クドキも極端に心理的・内向的な芝居で物足りず、佳演の多い菊之助の女形にしては珍しいと思わざるを得な

かったが、中日頃になると御簾が上がった瞬間の立姿に強い肚があり、一瞬にして相当な厚み・重みが観取されるようになっていたのである。これならばクドキも相当良くなっているに違いないと思っていたら、案の定、内向的なものではなく、形容でみせる大きな芝居をするようになっていた。

これでこそ菊之助の女形だと思った。繊細な真女形ではなく、男性的な面も少し残す、太く厚みのある女形。梅幸から菊五郎、そして菊之助へと脈々と伝えられてきた、歌舞伎の一つの典型的な女形像が、そこにはあった。

回を重ねるあいだで、何か気付きがあったのか、先輩にアドバイスを求めるなどしたのか、とにかく、初日が開いてから、これだけ舞台が向上している事実は、繰り返すが、菊之助の真面目で几帳面な性格が反映されているとみていい。それは伝統を受け継いでゆく歌舞伎役者としては、極めて重要な資質だろう。

更に、菊之助は実父と岳父という二人の師匠がいて、毎月のように大役にも恵まれている。されば こそ、自分のニン・適性を見極めた上で古典歌舞伎を継承していったならば、花も実もある役者に大成することは間違いないのである。

市川海老蔵
――未完の大器――

一

海老蔵の秘めるポテンシャルの底知れなさは、ちょっと類をみない――。

こう断言して、正面から異論を唱える人はそう多くないだろう。

それだけに、人は海老蔵に多くの夢をみる。

「海老蔵があれを演じたらきっと誰も敵わないものになる」

「あの役をやれるのは海老蔵を措いて他にはいない」

「いつか海老蔵にあの役をやってほしい。相手役には誰々で、この役は誰々で……」

こういった想像は、海老蔵に無限の可能性を感じているからするのである。まだ見ぬ素晴らしい舞台を予感させると同時に、そのポテンシャルが充分に発揮されたら、どれほどの舞台になるか全く予測がつかないところに、海老蔵の魅力がある。

その大きく立派な顔は、戦後歌舞伎界の最大の華と称された祖父・十一代目團十郎にそっくりの美貌で、市川宗家にふさわしい大きな眼を有す。声はどこまでも澄んでおり、豊かな声量をも備え、体躯も立派でスッキリとした長身。歌舞伎役者として誠に好条件を備えているのである。

さらに、花道に姿を現した瞬間、有無を言わせず衆目を惹きつけるものも持っている。十五代目羽左衛門には、花道に登場した瞬間、新たに照明がついたような錯覚を起こさせたという逸話があるが、海老蔵もそれに類する現象を起こしている。スターとしての資質は万人が認めるところなのである。

そんな海老蔵の資質が端的に看取できたのが『助六』（平成二十九年三月歌舞伎座）だった。荒抜群の美貌とスター性、伸びやかで張りのある声音、豊かな声量。それら天賦の才に加え、荒事のなかに和事を加味した独特の気分、「抜かねぇか！」のキマりの気迫と風情――。全てが助六として欠くべからざるものであり、海老蔵が天性それらを具備しているということは、まさしく團十郎家に生まれるべくして生まれてきた役者といっても過言ではないのである。

と同時に、これ程の天与の資質を持ちながら、その貴重な才能が正当に育てられていないもどかしさを指摘して、否と答える人もまた、そう多くはあるまい。

尤も、それは海老蔵に限った話ではなく、この家系の人たちはみなそうである。海老蔵の曽祖父にあたる七代目幸四郎は、加賀山直三氏に言わせれば、

「幸四郎程歌舞伎役者として恵まれた資材を持ちながら、それを不手際に使った人も少くないだろう。ということは、彼ほど、あれだけの容貌、柄行き、調子の立派さでいて、それらを生かすことの不足の大きかった人も珍しかった」

とのことである。(『かぶきの風景』新読書社)。他にも、似たような趣旨の論述は数多く目にすることが出来る。

また、海老蔵がよく似ているといわれる祖父・十一代目團十郎についても、『演劇界』の編集長だった利倉幸一氏は、

「容貌・姿態・声調、その何れもかぶき俳優として天賦の稟質をもっていた団十郎だが、技術という点だけでは若干の遺憾を残していた」(『演劇界』昭和四十年十二月号　十一代目團十郎追悼記事)

と言われている。そういう欠陥を持ちながらも、なお余りある魅力の持ち主だった、というのが全体としての論旨である。それに類する評論はやはり数限りない。

そのような評価を見るにつけ、筆者は、ほぼ同じことが十二代目團十郎、当代海老蔵にも言

えるのに驚くほかはない。「七代目幸四郎」、「十一代目團十郎」とある部分を、「十二代目團十郎」、「当代海老蔵」に差し替えるだけで、充分に彼らに関する文章として通用しそうなのである。

この一族に、脈々と受け継がれているこうした特徴を見るにつけ、筆者はこう考えずにはいられない。あまりある資材は持て余すのだ、と。一人の人間に並外れた資材が与えられると、本人にも適切に使いこなすことが出来ず、結果的に第三者からはひどく不器用に見え、時として極端に破天荒で、八方破れな様相を呈してしまうのではないか、と。

最近の海老蔵の迷走は、ここらあたりに端を発していると考えられるのである。

二

海老蔵の迷走について具体的に指摘するならば、何よりもまず台詞について言わなければならない。海老蔵の発声と台詞回しは自己流のもので固まってしまい、長年にわたり改善の兆しが見えてこないのである。

少しく例を挙げるなら、『勧進帳』の弁慶（平成二十六年五月歌舞伎座）、『雷神不動北山櫻』の安倍清行・粂寺弾正（同年十二月同所）である。

『勧進帳』の弁慶では、〈呂の声〉は素晴らしかった。海老蔵はよく響く太い声に恵まれており、その声は弁慶に相応しいものである。しかし、その声の使い方に研究が足りない。例えば「驚かすべき、人もなし」や「敬って、申す」など、荒事風に張る台詞である。ここは、時代に張るのとはまた別の、独特の張り方をする決まりがある。すなわち、「驚かすべき」を高く発声し、さらに高い声でかぶせるように、「人もなし」と言うのである。「敬って、申す」も同前。この荒事風の発声は、それ故、役者の肉体に少しく負担をかける。それだけに、ある年齢に達した役者がやや簡略化させて、負担の少ないように発声することはある。だが当時三十六歳の海老蔵が同じことをする理由はなかった。張り方を少し簡略化させていただけでも相当物足りないと思うのに、日によっては「驚かすべき」で一度下げ、「人もなし」でまた下がってゆくことすらあったのだ。そんな日には、本来優れているはずの元禄見得・不動の見得・石投げの見得・飛び六方などでさえ、いささか色褪せて映ったものだった。

ところが、その海老蔵が前楽の日に筆者を驚かせた。どういう風の吹き回しか、実に見事な荒事風の発声をしたのである。それは誠に惚れ惚れするようなものだった。あたりを圧するほどの豊かな声量、伸びやかで艶のある声音、音楽的で美しい声調。まさに映像でみる十一代目の弁慶を彷彿とさせた。この声の弁慶がいるだけで、歌舞伎界が豊かに彩られるような心地さえした。そしてその日には、元禄見得・不動の見得・石投げの見得・飛び六方なども強い光彩を放ち、他日よりもはるかに雄渾で、立派で、美しいものとして筆者の目に映ったのであった。

海老蔵は変わったのだ――。心を入れ替えて一流の役者になるために台詞の勉強をし直したのだ――。そう思えたのは、しかし、わずかな時間だった。

同年の十二月、『雷神不動北山櫻』の通し上演でのことである。このとき、海老蔵は五役を勤めた。早雲王子・鳴神上人は素直に演じ、予想以上の出来栄えで、不動明王も海老蔵にしか演じられない態のものだったが、安倍清行と粂寺弾正は、あまりいい出来とは言えなかった。その主因はやはり台詞である。

安倍清行は、なるほど、つ、っ、こ、ろ、ば、し、のイメージで役全体をまとめているのはわかる。が、あの妙にヘナヘナとした発声は、絶対につっころばしのものではない。かといって、ぴ、ん、と、こ、なというわけでもない。どこをどう探しても、古典歌舞伎の引き出しに見当たらない発声だった。

粂寺弾正は愛嬌や稚気といったものが薄かった。芸風的に無理であっても、せめてそういったものを出そうとする意図が感じられればまだいいのだが、海老蔵の台詞回しからはむしろ、時代物の大立役のような立派さを出そうとしているようにすら、感じられた。

清行におけるなんとも言いようのない発声。粂寺弾正に求められているものへの無理解。

楽日前日の弁慶で聞かせてくれた、あの見事な荒事風の台詞回しはたった一日だけの幻だったのか。こんなことが続けば、海老蔵の秘めているものがいかに大きくとも、それが花開くことは決してないのである。

三

その後、海老蔵の発声や台詞回しに根本的な改善はなされていないが、それでも、一時的な変化がみられたのが『熊谷陣屋』（平成二十七年七月歌舞伎座）の熊谷直実と『河内山』（同年十一月同所）の河内山宗俊であった。それぞれ吉右衛門と仁左衛門に指導を受けたおかげで、これらの舞台では発声と台詞回しに大きな改良がみられ、海老蔵が豊かな才能の持ち主であることが改めて示されたのであった。適切な指導者を得れば、たとえ一時的にもせよ、自己流からは脱して、初役としては充分すぎるほどの結果が出せることを明らかにしたのである。

それなのに、なぜその後、埋もれた歌舞伎十八番の復活や新作ばかりで、歌舞伎役者の根幹とも言うべき古典の勉強に、正面から取り組まないのだろう。歌舞伎には、先人から伝えられてきた台詞回しや演技の文法・型・美意識・感性などがあるのである。吉右衛門は、そういうものをしっかりと受け継ぐだけでも、何十年もかかる大仕事だと言っている。そうした意味では、海老蔵はまだ、優れた先輩から丁寧に教えを受けなければならない段階にいるのではないだろうか。

にも拘わらず、彼はあまり先輩に教わろうとしない。

「古典歌舞伎を受け継ぐのが私の使命だ」とか、「古典が何よりも大事」というような発言を折々にする割には、海老蔵の活動からそうした意志はあまり感じられないのだ。

古典を勤める場合は、先輩に習わなくてはいけない。細かな口伝や約束事も守らなければならない。そんな窮屈な思いをして古典を勉強するよりも、復活や新作をしているほうが自由で楽だ。それならば厳しい先輩に叱られることもないし、思い描いた通りの演技や演出をどんどん採用できる……。

以上は筆者の浅ましい想像ではあるのだが、今の海老蔵の活動を見ていると、このような邪推ができてしまうのだ。

埋もれた歌舞伎十八番の復活や新作も必要な仕事である。海老蔵が情熱を傾けるに値することではあろう。歌舞伎十八番の全てに主演し、脚本や演出を後世に伝えてゆけば、それは市川宗家初の偉業となるのだし、歌舞伎に漠とした興味を持っている人たちが、新作の話題性に惹かれて劇場へ足を運ぶようになるならば、それは歌舞伎ファンの裾野を広げる、立派な意義のある仕事と言えるからである。

けれども、それはもっと後に回してもいいのであって、せめてあと数年は、先輩にしっかりと基礎を習い、正しい古典の継承に励むべきだと思うのだ。というのは、團十郎・勘三郎・三津五郎が歿した今、指導を受けるべき立役の先輩が、みな七十を超えているという現実を踏まえてのことである。今習わずして、いつ誰に習うのか。そこを海老蔵には深く考えてもらいたい。

海老蔵はいずれ團十郎の名を継ぐ役者《ひと》である。その名を継ぐに値する役者は海老蔵しかいない。それは出自にとどまらず、冒頭で述べたような、資質の数々を含めた上で言うのである。しかし、團十郎は歌舞伎界の柱《はしら》である。歌舞伎界の柱《はしら》たる地位と責任を、今のような自己流の発声と台詞回し、復活や新作ばかりの仕事で、果たして本当に全う出来るのだろうか。

不器用と言われた十一代目にしても、発声や台詞回しが、このような自己流ではなかったことは、残っている映像や音源からも明らかだし、その海老蔵時代には、六代目菊五郎に助六・松王・権太などを、初代吉右衛門に菅丞相などを丁寧に教わっていたという話なのだ。十二代目もまた然りである。

古典は数知れぬ先人たちの叡智の結晶と言っていい。それをしっかりと身につけてこそ、海老蔵はそのポテンシャルを真に発揮できるのだ。歌舞伎十八番の復活や新作にしても、古典をしっかりと身につけた後でこそ、真に優れたものを作れるようになるのである。

センセーショナルな活動で注目を浴びた三代目猿之助（二代目猿翁）にしても、十八代目勘三郎にしても、古典の研鑽を充分に積んだ上での活動であったことから、目を逸らしてはならない。

今の海老蔵がなすべきは古典歌舞伎にしっかりと学ぶこと、先輩たちの教えに真摯に耳を傾けることなのである。

四

筆者は、海老蔵のポテンシャルがもっともっと発揮された舞台を見たい。弁慶のときの感動が忘れられないのだ。

助六にしても、台詞を除く全てのものが天性備わっていただけに、あとは台詞さえ良くなれば……という思いを強くするばかりであった。

台詞を改善してゆくためには、義太夫節の稽古に取り組んだり、優れた先輩の舞台を見、先人の録音を繰り返し聞く、といったことが必須だろう。

その上で先輩によく習い、古典の大役を手掛けるべきだ。そうした修練を重ねて、スケールの大きな荒事役者・時代物役者になってほしい。なれるはずなのだ！

少々厳しく言いすぎたかもしれないが、それは海老蔵への期待の大きさと、現状へのもどかしさゆえと理解してもらいたい。

中村勘九郎 ——その選ぶべき道——

一

勘九郎は、役柄を問わず、みせる演技がいかにも「楷書」の二字を連想させる。それが出来るのは勘九郎の身体に流れている中村屋・成駒屋・音羽屋・播磨屋の血に加え、幼い頃からの鍛錬と、父・十八代目勘三郎の指導の賜物に違いなく、歌舞伎役者としての充実は同世代のなかでも一際強く約束されているかのように見えていた。

ところが、父・十八代目勘三郎の逝去を境に、勘九郎の舞台の様相は大きく変わってしまった。折しも勘太郎改め勘九郎襲名披露興行の最中の、思いがけない出来事である。その後の勘九郎は心の置き所が定まらなかったのだろう、ただひたすら、がむしゃらな熱演をするように変わってしまった。歌舞伎ではそういう演技は必ずしも功を奏しない。

その顕著な例が『寺子屋』（平成二十六年十月歌舞伎座　十七代目・十八代目勘三郎の追善公演）の源蔵だった。例えば「実検せよ！」と叫ぶ件である。ひたすら声を荒げた台詞には抑制がなく、太棹とも調和しない。松王を鋭く睨みつける目も、過度に心理が出過ぎて生々しい。また、玄蕃が引っ込んでから〳〵五色の息を」で水を飲んで噎せるまでの件でも、身体全体を使っての表現であるべきところを、表情を使い過ぎていた。

そこには当然、ある種の熱は生まれるし、源蔵という男を必死に表現しようとする気迫は感じられるのだが、そうであればあるほど、義太夫狂言における望ましい演技から隔たりが大きくなるのである。

その二ヶ月後の十二月、勘九郎は京都南座で『七段目』の平右衛門を勤めたが、これも源蔵のときとそれほど変わらない、がむしゃらな熱演と言えるものだった……。

しかし、良血のなせるわざか、この源蔵と平右衛門を最後にして、勘九郎の舞台は徐々に落ち着きを取り戻し、再び佳演をみせるようになる。源蔵から二年あまり後の平成二十八年十二月、勘九郎は、歌舞伎座で再度『寺子屋』に出て松王丸に扮したが、これにはもはや、必要以上の力みや気負いが裏目にでるようなことはなくなっていた（型、その他に関する疑問点はあったが、それはまた別の問題である）。

二

ところで、勘九郎の舞台について、是非とも述べておきたいものが「踊り」である。踊りには勘九郎が父祖から受け継いだ資質と、十八代目の薫陶が大きく活かされている。それは例えば、次のようなエピソードからもみて取れる。

勘太郎から勘九郎を襲名する際、披露狂言を何にするか相談していたときに、勘太郎は、自分から『土蜘』と『鏡獅子』を希望した。すると十八代目は、「踊り二本か、お前らしいじゃないか」と言ったという。

新橋演舞場での襲名披露興行（当時は歌舞伎座が建替中だったため）に、踊り二本である。勘九郎が踊りに並々ならぬ意欲を持ち、その資質を十八代目も認めていたということだろう。

もう少し例を示せば、平成二十八年十二月歌舞伎座の『二人椀久』と『京鹿子娘五人道成寺』である。『二人椀久』は勘九郎の久兵衛に、玉三郎の遊女松山だった。この配役ではバランスの悪い舞台になるのでは、と思いの外、勘九郎は玉三郎に目一杯食らいつき、予期以上の成果をあげていたのである。

『五人道成寺』という企画自体には筆者はあまり賛意を持たないが、少なくとも玉三郎を別格として、若手四人の踊りの個性の違いをみる、という楽しみ方があり、それはそれで面白いものといえた。そのときの勘九郎の踊りは、実に見応えのあるものだった。規矩正しく踊っている、という印象を受けただけでなく、振りが常に小振りにならずに、大きく大きく踊っていたのである。勘九郎の踊りへの自信の程がほの見えるようであった。

踊りは勘九郎を語るうえで外せないものであり、そしてそれは、先祖たちから譲り受けた大きな資産なのである。

三

しかし、芝居ということになると、いくら迷走の時期を脱したとはいえ、まだ将来は不安定にみえる。その原因は、どんな役でもやりすぎて、本領とすべき役柄が掴みづらいのである。

豪快な荒事・スケールの大きな実悪・落ち着いた実事・柔らかな和事・スッキリとした二枚目・颯爽とした捌き役・憎々しい敵役・音羽屋系統の世話物・加役としての女形――。

役柄の広さは祖父・父譲りと言えるものだが、そういう幅の広さは、本領とすべき役柄があってこそ、高い価値を持つ。

十七代目は実事・和事・女形が本領であり、十八代目も和事・女形が本領だった。しかし、勘九郎にはまだ本領と言えるものが見えない。強いて言えば荒事・実悪・実事などにその萌芽は感じるが、それらとても繰り返し演じ、深めてゆく機会の少ないのが現状だ。その他の役柄でも、〈お父さんそっくり〉の域に留まり、そこから抜け出せていないのが実状といっていい。

しかし、いつまでも父を追いかけるばかりではいけない。中村屋の伝統であるカンの良さ、踊りの間《ま》の良さなど、素晴らしい資産は受け継ぐとしても、父祖とは異なる美点も認識し、伸ばしてゆく必要がある。そして時には、十八代目に批判的な目も持たなくてはいけない。

例えば前述の松王丸ではこんなことがあった。松王丸は十七代目・十八代目ともに勤めており、勘九郎は十八代目の演技をほぼそのまま踏襲した。その所演には、芝居の後段に優れた部分が多くあった代わりに、少しく首を傾ける件もあったのだ。

例えば「おろそかには」で咳をして、「サァ、致されず」と続けたり、「蟻の這いずる、サァ、ところもない」というように、不要な「サァ」をあいだに挟む。これは芝居のリズム、台詞の音楽性に著しい悪影響を与えてしまっていた。また、「無礼者め！」と叫ぶ台詞を「無礼」で一度切り、呼吸してから「者め！」を言い直す。これでは松王丸の苛立ち・懊悩・不安・動揺といった心の内があまり表現されないのだ。さらに、「ツラ改めて戻してくりょう」を張り上げたり、「泣き笑い」の件で笑いを強くするのも、疑問の残る型である。特に後者に関しては、十七代目が一度試みてからやめたものだったらしいだけに、余計その感が強い。

筆者は初日にこの舞台を見て、初役だからだろう、次回にやるときにはきっと直るだろう、とそう思っていた。

が、その数日後、テレビのインタビューに応じる勘九郎を見るに及んで、必ずしもそうとは言えないであろうことを知ったのだった。

そのインタビューにおいて、勘九郎の発言には二つの大きな疑問点があったのだが、彼の答える姿は実に堂々とし、自信と確信に満ちていたのである。

疑問の一つめは、「松王丸の中村屋の型を残したい」という発言である。そもそも「松王丸の中村屋の型」とはどういうものなのか。また、いつからあるものなのか。『寺子屋』の型を解説した文章を色々と参照してみたが、そこには「中村屋の型」という言葉は見つからなかった。わかったのは、恐らく十七代目の松王丸は菊五郎の型であったろう、ということであった。

となると、恐らく前記で筆者が疑問視した部分に加え、「でかした源蔵、よく討った」の「でかした」がないことや、いろは送りの件で戸浪が小太郎の亡骸をみせると、千代だけでなく松王丸もハッキリと反応を見せるなどの部分的な工夫——十七代目・十八代目が菊五郎の型に加えてきた部分的な工夫を全て引括めて、勘九郎が「中村屋の型」と名付けたのだと推測できる。が、もしそうであるならば、どこまでも菊五郎型をベースとした上での変形、ないしはバリエーションの一つとするのが適当に思われ、「中村屋の型」と言い切ってしまうことに、多少の抵抗がないではない。

疑問の二つめは、「十八代目の映像を繰り返し見た上で門弟に聞いた」という発言である。

仮に「中村屋の型」があるのだとしても、十八代目から直接教われない以上、初役の際は松王丸を当たり役としてきた諸先輩に教わるのが至当だろう。

ともかく、この二つの発言から見えてくるのは、勘九郎が十八代目にこだわりすぎている事実である。いくら十八代目の遺したものとはいえ、伝えてゆくべきものと、そうでないものとを見極める必要はある。にも拘らず、全てを一括りに、「中村屋の型」としてこだわり、他の型でやることを頑なに拒むのは、十八代目を過度に神格化させているからではないだろうか。

そのような、十八代目を信じて疑わない精神は、十八代目の行った様々な新しい試み――コクーン歌舞伎や、現代劇の演出家との提携、平成中村座など――を勘九郎たちがそのまま受け継いでいるあたりにも、見えてくる。

だが、それが本当に十八代目が望んでいたことかどうかについては、筆者は小さくない疑問を持つのだ。

十八代目自身がそれらの活動に乗り気でなかったとは考えない。例えば野田秀樹の作品を初めて歌舞伎座で上演した際、十八代目はこう言っていたそうだ。

「新しいことをやればそれがどんなに面白くたって『あんなもの歌舞伎じゃ無いよ』という人が出てくる。『あれが歌舞伎座でやる芝居なのか』って、言うんだよ。そのことも覚悟の上。それでも、野田の新作歌舞伎がやりたかった」（『勘三郎、荒ぶる』幻冬社）

その他にも、新作歌舞伎や初心者が取っ付きやすい歌舞伎への熾烈な情熱を様々なところで口にしている。十九歳のときに唐十郎のテント芝居をみて、伝統に胡坐をかく当時の歌舞伎界へ持った危機感が、それらの発言の根底にあるのだと思われる。ただ、その一方で、死去後に編集されたドキュメンタリー映画『中村勘三郎』を見ると、「『仮名手本忠臣蔵』みたいな古典は、怖い先輩たちに習った通りに演じたい」とも言っているのである。

新作を希求する心と、古典を突き詰めたい情熱。十八代目のなかに渦巻く相反する感情の内実は、一体どのようなものだったのだろう。きっとそれは、次のようなものだと推察する。すなわち、十八代目の心の底には、ひたすら古典の研鑽に励みたいという、歌舞伎役者としての本能が激しく燃え盛っていた。しかし、その欲求に身をまかせているばかりでは、歌舞伎は時代とのズレが大きくなるばかりで、好事家だけのものになりかねない。それに強い危機感を覚えた十八代目は、古典追求への情熱を一時的に抑えつけ、自分の舞台をできる限り入門編として提供し、歌舞伎鑑賞にハードルを感じている人たちへの案内者にならなければ、という強い使命感に駆られた。それにかける情熱は凄まじく、嘘偽りのないものではあったのだが、最終的な目標は、そうして獲得したファンを歌舞伎座へ――古典歌舞伎へと導くことに据えていた。そのようなものではなかっただろうか。

この推察の正誤は別として、十八代目の活動が歌舞伎ファンの裾野を広げるなどの成果をあげたのは事実だろう。が、同時に、歌舞伎界に無視できぬ影響を持ち込んだのもまた、事実であった。例えばコクーン歌舞伎において、十八代目がある芝居のある役を勧められた時、ニンではないからと断った（さすがの見識である）――が、そのとき演出家は、現代劇的な観点から、ニンではないから意味があるのですよ、ニンというものにこだわらずにあなたにやって頂きたいのですよ、と説得したという。そのような現代劇的な影響は出演者全員が受けたのだろう、コクーン出演者の多くが、その後、古典歌舞伎の舞台に出ても、芸が古典に馴染まないようになっており、脱するまでに数年を要したのである。十八代目だけがそうならず、古典歌舞伎のなかに余計な影響を持ち込まなかったのは、古典は古典、非古典は非古典として明確に分けるだけの見識と技量を持っていたからである。

以上述べてきたことを考えれば、いまの勘九郎が、焦りを持って無批判に父と同じことをしようとする必要はないように思えるのである。

今は歌舞伎隆盛の時代で、十八代目が強い危機感を持った頃のような、古典歌舞伎というだけで観客から見向きもされぬ冬の時代は過去のものとなった。そのあいだに修練を重ね、多少のことではびくともしないだけの、古典の基礎力を身につけておくべきなのではないだろうか。そして、再び古典歌舞伎への風当たりが厳しい時代が訪れたら、そのときにこそ、コクーン・新演出・新作・そのほかの創造的な活動に取り組んで、新たな観客層の開拓に乗り出すべきだ。それこそが十八代目の遺志を継ぐことだと思われてならないのである。

四

ではその修行とは、具体的にどうしてゆけばいいか。少なくとも今のように、固定された座組――芝翫・七之助・扇雀・弥十郎・亀蔵・巳之助・児太郎など――で始終やっているのでは、広がりが小さい。何年もこの状況が変わらなければ、芸が固定化しかねないし、ほかの役者と共演しても違和感が出るようになってしまう。積極的に他家の役者や優れた先輩と共演し、幅を広げることを考えてほしい。

もう一つ、どんな役でもやるのではなく、父との共通点・相違点を見極めた上で路線を定めたい。特に勘太郎時代の最後を飾った『関の扉』の関兵衛のような実悪、『袖萩祭文』の貞任のような大立役、予想外の出来に父が驚いたという『車引』の梅王丸のような荒事を、もっと深めていってもらいたい。

祖父・父には向かなかった実悪・大立役・荒事をする勘九郎をみていると、何代かのあいだこの家系に眠っていた播磨屋の遺伝子が騒ぎ出すのを感じるのだ。

適切な指導者を得、その資質を伸ばしてゆくことが出来たならば、次代の歌舞伎界に欠かせない主要戦力の一人にならないはずはないのである。

中村七之助

——貴重な真女形——

一

七之助は最近、面差しが父・十八代目勘三郎にそっくりになってきた。素顔で出ているＣＭや写真を見ると、ちょっと見には勘三郎かと思うくらいである。

親子だから当たり前といえばそれまでだが、筆者は七之助が女形であることと、十七代目・十八代目勘三郎の芸質とを関連付けずにはいられない。

十七代目勘三郎は、若いころには兄・吉右衛門の膝元で女形として修行し、立役になってからは六代目菊五郎系統の世話物から、播磨屋系統の時代物まで自分のものとした。従って芸域は広く、生涯に演じた役の数は八百三、世界最多としてギネスブックに載っているのは有名である。

そんな十七代目だが、本領とすべきは実事・和事と女形であった。晩年近くには『陣屋』の熊谷を手掛け、弁慶までも切望していたエピソードからは想像しにくいが、青年期の女形には格別の魅力があったらしい。立役転向を惜しむ声は相当強いものだったという。それは当時の写真をみれば納得のいくもので、『鏡獅子』の小姓弥生には初心な色気が、『尼ヶ崎』の十次郎のような若衆役には柔らかさが溢れていて、さぞや絶品だったろうと想像される。

十八代目も、義太夫狂言では二枚目の勘平から平作や俊寛といった役まで勤め、世話物でも『髪結新三』の新三、『魚屋宗五郎』の宗五郎、『め組』の辰五郎など、主だった狂言にはほぼ取り組んだ。その殆どは十七代目の手がけたことのある役だが、ただ一つ、宗五郎だけは違う。母を通して身体に流れている音羽屋の血を、強く意識して勤めたのだと思われる。踊りにも力を入れていて、ライフワークにすると言っていた『道成寺』と『鏡獅子』ともに素晴らしかったが、とりわけ『鏡獅子』では、前シテの弥生と後シテの獅子の精、普通はどちらかに出来が偏るものなのに、十八代目はどちらも同じ水準でやってのけたのである。それがどれだけ稀有なことであろうか。

その十八代目も、本領はやはり柔らかみを伴う和事系統の立役や女形にあった。それは三津五郎の弔辞を引用するなら「これまで蓄えてきた芸が底光りするような、あまりにも素晴らしい出来」の権八を最晩年にみせた（平成二十四年二月新橋演舞場『鈴ヶ森』）ことからも明らかである。

ある時期から線の太い立役も多く手がけるようになったから、そういうイメージは薄いかもしれないが、二十代・三十代の頃はお三輪や千鳥といった娘役で好評を博した役者《ひと》なのである。

十八代目の後を継ぐ勘九郎・七之助の兄弟は、今では基本的に兄の勘九郎が立役、弟の七之助が女形として活躍している。芸域の広かった祖父・父の芸を、兄弟で分担して継承していると言えようか。以上のようにみていくと、祖父・父の本領が柔らかみを伴う立役や女形にあったことと、女形として豊かな才能をみせている七之助の素顔が、長じるにつれて父親に似てきたこととが、無関係だとは思えないのである。

二

ところで、いまの四十代前半から三十代前半にかけての世代――染五郎を筆頭に七之助まで――は女形が少ない。七之助が唯一の真女形である。それだけに、その存在は実に貴重である。もう一人の女形の有力選手と思われてきた菊之助は、最近は立役のほうが多くなってきているし、かつて女形だった猿之助は、襲名後は立役に転向し、最近になってまた女形を勤める機会も増えはじめてはきているが、立役よりも女形のほうが多くなることは恐らくないだろう。

勘九郎も時々は女形をすることもあろうけれど、それはあくまでも加役である。

その下のいまの二十代——梅枝、歌昇を筆頭とする世代——には女形がたくさん控えていて、その多くが将来、ひとかどの女形になりそうなのに、僅かに年齢が上がるだけで、何故こうも少なくなるのだろうか。

理由は明白。上の世代の役者は、みな自らが芯に立つ役者ばかりだからである。そのほとんどが、いずれ、もしくは既に、大名跡を襲名し、歌舞伎座で主役を張り、一座なり一門なりを率いてゆく役者ばかりなのだ。そういう立場の優に女形は向かない。立役を志向するのは当然のことなのである。

しかし、女形の不在で一番困るのは立役である。何か演《だ》し物をしたいと思っても、相手役となる役者がいないのだから。

立役からすれば、同世代に女形がいないのなら、下の世代の女形を抜擢したり、先輩の女形にお願いすればいいと考えるかもしれないが、どちらもそう単純にはいかない。七之助とその下の世代では、近いところではわずか四～五歳程度しか離れていないが、前代の役者との繋がりという点において、大きな差があるのである。

例えば現在三十四歳の七之助は、四代目雀右衛門・七代目芝翫・五代目富十郎などの舞台を多く見、また同じ舞台に立った経験もいくらかある（ちなみに世代筆頭の染五郎になると、さらにもう一つ上の、十七代目羽左衛門・六代目歌右衛門・七代目梅幸などとの繋がりも多少持つ）。

ところがいまの二十代の役者たちは、雀右衛門・芝翫・富十郎あたりとの繋がりが相当薄くなる。これが単純な年齢の差以上の違いとなって舞台に現れるのである。

先輩には玉三郎や当代雀右衛門といった女形がいる。彼らに相手役をお願いするのは望ましいことだが、そう頻繁に頼れるとも限らない。彼らは大幹部たちの相手役になることも多いし、自分の演し物をすることもあるからである。

このような種々の事情を考えると、若手世代の立役にとってみれば、同世代のなかに良い女形がいること、あるいは、これから時間をかけ、同じように育ってゆける女形が必要になってくる。となると、女形の極端に少ないこの世代は少々不自由な状況であると言えるし、同時に、七之助の貴重さもそれだけ増すと言えるわけである。

三

ではその貴重な女形である七之助は、どういう芸質の持ち主で、どういった役柄に向いているのか。

これまで七之助が手がけ、高い成果を上げている役を一部列挙すると——

義太夫狂言では『妹背山』のお三輪、『忠臣蔵』のお軽、『野崎村』のお染、『賀の祝』の八重。

世話物では『源氏店』のお富、『伊勢音頭』のお紺、『直侍』の三千歳、『封印切』の梅川、といったところになる。

こう列挙すると、その多くが玉三郎の当たり役であることに気付く。『籠釣瓶』の八ツ橋はまだだが、やればきっと良いものになるはずだ。さらに、伝法な悪婆物まで良かったことや、玉三郎の教えを受け、彼とそっくりな舞台を時折みせていたことなどを考えれば、玉三郎と同じ芸脈にあると言っても間違いはなさそうなのである。

この真女形の芸脈は、七之助から玉三郎・六代目歌右衛門・六代目梅幸へと遡れる。家系はバラバラながら、絶えることなく現れ続ける存在で、歌舞伎の生命力を象徴するもののように思えてならないのだ。

しかし、そうした役者に共通する特徴がある。それは、時代物の量感・厚みなどが必要とされる役々――例えば赤姫・片外し・武士の女房など――に扮すると、少々手触りが薄手になってしまうのだ。それは真女形の宿命とも言えるものであって、繊細で神経の行き届いた女形芸とは、切っても切れない関係にあるものなのだ。にも拘わらず、玉三郎・歌右衛門・梅幸は、それを見事に克服し、三姫や片外しなどで高い評価を受けるに至った。修練の果てに、線の細さを覆い隠すだけの技芸を身につけたのである。

七之助にもそれを望みたいのだが、今の七之助が技芸を修練するに適切な環境にいるとは思えない。兄弟での同座が殆どで、優れた先輩との共演がほとんど無いからである。

四

例えば平成二十七年は、七之助が歌舞伎に出演した十一ヶ月のうち、実に十ヶ月を兄弟で同座しているのである。

平成二十八年は、七之助は九ヶ月の舞台出演があり、うち三ヶ月は現代劇の『ETERANAL CHIKAMATSU』、残りの六ヶ月が歌舞伎だが、やはりうち五ヶ月を兄弟で同座している。この兄弟の頻繁な同座は、兄弟自身・松竹・観客の意図が合致した結果だと思われる。

確かに、さぁこれからが円熟期、という寸前で十八代目がこの世を去ったのは痛恨事で、突如としてまだ三十一と二十九だった兄弟の肩に、中村屋の看板がのしかかった。故に、兄弟の結束をより固めて、荒波を乗り越えてゆこうする気持ちが強まったのかもしれない。

松竹にしても、当代一の人気役者だった十八代目の面影を強く残す遺児二人に、亡き父を想起せざるを得ないような狂言・配役を勧めたくなったのだろう。

観客はそれをみて、意識的・無意識的に兄弟の舞台に十八代目の面影を見出し、〈泉下の十八代目がこれを見たら……〉などと感傷的になる――。

それは無理ない流れだったかもしれない。ある程度は歌舞伎役者の宿命でもあろう。が、そういった感傷は、度が過ぎれば毒になりはしないだろうか。いくら親子で似てるとはいっても別人だ。それなのに、いつまでも兄弟揃って親の幻影を追い続けていては、独自の美点や持ち味を伸ばすことができないし、何よりも芸の固定化が危惧されるのである。

ベテランとの共演がなければ、その芸の高みに刺激されることはなく、舞台上でその傑出した技芸を盗み出すこともできない。さすれば引き出しはいずれ枯渇しかねない。二十年、三十年、或いはそれ以上のスパンで歌舞伎を捉えたとき、今の状況は可能性の一つを摘み取っていることにならないだろうか。

それ故、この兄弟には、今後は離れる機会を多く設け、それぞれ適切な先輩のもとへ修行に行くべきだと提言したい。十八代目がいなくなったからこそ、むしろそうするべきなのだ。

七之助の場合は同じ芸脈にある女形の先輩として、玉三郎に多く指導を仰ぐ。そして、玉三郎・幸四郎・仁左衛門といった先輩たちと同座し、同じ舞台に出ることが必須である。

というのは、様々な役者の話を聞いたり、舞台を見たりする限りにおいて、若手が優れた先輩と同じ舞台に出ることは、何にも代えがたい勉強になるのは間違いなさそうだからである。

そのいい例が、晩年の初代吉右衛門と若き日の六代目歌右衛門である。二人は親子ほど年が離れているにも拘わらず、舞台上で夫婦や恋人などを演じる日が続いた。その時期に歌右衛門は、大先輩の胸を借りて大いに勉強し、腕を上げた。その経験が、のちに同世代が歌舞伎界の中心になったときに、何よりの自信になったという。

その歌右衛門が大家となってからは、養子の福助（現梅玉）を頻繁に相手役に起用した結果、梅玉は今では品のいい役者として定評があるし、当代の雀右衛門も、吉右衛門の相手役を頻繁に勤めるようになってから急激に役者ぶりが良くなったのは、多くの人の認めるところなのである。

また、大先輩の芝居で大役に抜擢された若手が、初日から千秋楽までのあいだに、著しい技量の進歩が認められた例は枚挙に遑《いとま》がない。それはもう、若手揃いの芝居に出るのとは比べ物にならないほどの進歩が認められるのである。

だから七之助にも、これからの数年は、巨岩に正面からぶつかってゆくような舞台を期待したい。殊に女形は立役次第。良くも悪くも共演する立役に引っ張られる側面がある。だからこそ良き先輩に学べるうちは学んでおき、将来自分たちの世代が中心になる時代に備え、唯一の真女形として力を蓄えておいてほしいのである。

五

最後に、筆者が七之助の才能の豊かさを強く感じさせられた演技をいくつか述べたい。

まずは赤姫。確かに七之助は、赤姫としてはまだ薄手なきらいはあるのだが、そのなかにあって、袂の使い方が素晴らしいのである。

具体例を『廿四孝』の八重垣姫（平成二十七年十二月歌舞伎座）から挙げる。芝居の序盤、恥ずかしがってなかなか勝頼に近づこうとしない八重垣姫を、濡衣が仲立ちとなって無理矢理突き出す件――〽赤らむ顔」で八重垣姫は照れて顔を隠す。七之助の八重垣姫は、このときの丸めた袂が実に大きく、たおやかな味に溢れていたのである。しかも、その袂の振り方も、とても柔らかな描線で、独特の魅力があったのである。こういう袂の使い方は他優にはなかなかみられないものと言っていい。

別種の演技で深い感銘を受けたのは『寺子屋』の千代（平成二十八年十二月歌舞伎座）である。クドキの「何の因果で疱瘡まで〽しもうたことじゃと」で、六字の幡を我が子に見立て、ゆすり、撫で、抱きしめる仕科には、まさしく真女形ならではの繊細な味が観てとれた。

そして最後の〽かっぱと伏して泣きければ」でも、大抵の役者が声を大きく上げて泣き叫び、派手にクドキを締めくくるところを、このときの七之助は、一度泣き叫びそうになるものの、懐紙で口を抑えて堪え、無言で身をよじりながら悶えるという型をみせた。これが実に美しく、哀れで、並のクドキで終わらせていなかったのである。

これらの佳演は七之助のただならぬ稟質を示している。七之助が四家――中村屋・成駒屋・

音羽屋・播磨屋――の正真のサラブレッドであると、強く感じられた瞬間だったと言っていい。兄弟で毎月のように共演しているよりも、他流試合を経て、それぞれが独立した良い役者になる――。それこそが、七之助の資質を伸ばすための最良の選択だと、信じて疑わないのである。

中村梅枝 ——古風という奇跡——

一

梅枝について語るとき、誰もが口を揃えて、その古風な顔立ちを称賛する。多くの役者が現代的でスマートな顔立ちになってきた今、梅枝の顔立ちは誠に奇跡的とすら言えるものである。その梅枝の舞台で、筆者の記憶に強烈に残り、決して忘れられないのが『賀の祝』（平成二十七年三月歌舞伎座）の八重である。

芝居の後段、梅王夫婦と松王夫婦が引っ込むと、舞台は一気に早春の悲劇へと舵を切る。菊之助の桜丸が暖簾口から出てきて、二重中央に座る。そこへ左団次の白太夫が腹切刀を載せた三宝を差し出して切腹を勧める。次いで竹本が〽と言うに女房はなおびっくり」と語り、八重が驚く仕科をして、台詞になる。

筆者が特筆したいのは、その驚く瞬間のことである。こういう場合、普通は竹本の語りの最後に合わせて驚くか、語り終わるとすぐに驚く。大抵はこのどちらかである。しかし梅枝は違った。

〽なおびっくり」の竹本を聞き終わり、やや間《ま》をおいてから驚く仕科をしたのである。

このほんの僅かな——具体的な時間にすればせいぜい一秒か一・五秒の——間《ま》が重要である。何故なら、そのほんのわずかな静寂が、古い歌舞伎の趣きを漂わせ、陰影の深い、摩訶不思議な世界を現出させ、観客を彼の地へ誘っていたからである。筆者は深く感動した。もしかしたらその間《ま》は、かつての良き時代の歌舞伎が持っていた間《ま》であり、明治以降の歌舞伎が、近代化と引き換えに忘れてしまった間《ま》かもしれないと思ったのだ。

勿論、明治以前の古い歌舞伎といったところで、所詮は筆者の夢想に過ぎないかもしれない。しかしその夢想ですら、他の役者はなかなかさせてくれない。現に筆者は、梅枝よりもはるかに技量の優れたベテラン歌舞伎役者の舞台に幾度も触れてきたが、類似の体験は七代目芝翫の舞台でたった一度あるだけである。

芝翫は当時すでに長老格になっていたから、芸の年輪によるところが大きいと思っていたが、まだ二十代の梅枝が似たような現象を起こしたとなると話は変わってくる。すなわち、年齢も家柄も異なる二人の共通項――面長で現代離れした顔立ちが深く関わっているのは疑う余地がなさそうなのである。

尤も、その梅枝でさえ、初日から三日め、四日目と、徐々にその間《ま》は短くなってゆき、九日以降は大抵の場合と同じように、竹本の語りが終わると同時に驚くようになったのだった。こうした事実を考えてみると、恐らく筆者の感動は、緻密な計算を張り巡らせた演技ではなく、全くの偶発的な演技によって引き起こされたということになろう。

八重という娘方の大役の初役。最初の数日は手探り状態であったろうし、緊張もしただろう。そんな精神状態で、懸命に舞台上で八重を演じてゆくうちに、梅枝の精神はフッと古い歌舞伎の世界へと迷い込み、そこで吹く風が、梅枝の身体に流れる役者の血の持つ古い記憶を呼び覚まし、本能的にあの間《ま》を取らせたのである。そして見ている観客も、梅枝の古風な顔立ちが扉となり、その世界を垣間見ることが出来たのだ。

ところが、一回また一回、と回数を重ねるにつれ、梅枝は八重を演じることに少しずつ慣れてゆき、ある程度余裕を持って演じられるようになってきた。そうなるともう、あの陰影の深い、摩訶不思議な世界へ迷い込むことはなくなり、当然、あの間《ま》を取ることもなくなってくる……。

筆者のあの時の体験を言葉にすると、だいたい以上のようなものになる。過去の歌舞伎が、現代の歌舞伎役者の肉体を借りて、何かの機会にフッとその顔を覗かせる――。古風な面貌を持つ役者にだけ許される特殊技能である。梅枝の舞台での最も忘れ難いものとして、筆者の記憶に焼きついたのであった。

二

その後、東京での梅枝の舞台は一通り見ているが、以上のような、理屈で説明不能な体験はしていない。

しかし梅枝は、そのほぼ全ての舞台において、年齢を考えれば驚くほどに整った演技をみせている。しかもその演技は、単に器用だとか、破綻なく纏めている、というレベルを通り越し、二十代の役者に付きまといがちな青臭さのようなものが薄いのだ。それが梅枝の舞台の大きな特徴であると言っていい。

具体例を『寺子屋』から挙げてみたい。平成二十八年、この芝居に梅枝は東京では五月・八月・十二月の三度出演した。五月・十二月が戸浪、八月が千代である。

戸浪では石持ちの衣裳がよく似合い、長い裾を引いても違和感がないのが貴重で、「せまじきものは宮仕え」の件などでも、源蔵の邪魔にならない範囲内で充分に芝居をする。出過ぎず、遠慮しすぎず。その頃合いが実にうまい。

その上、戸浪は仕事の多い役なのだが、それも目立たぬようにしっかりとこなすのである。このくらいの年齢の役者だと、仕事に追われると、その役から離れ、役者個人の表情を露呈させてしまいがちなのだが、梅枝はそういう場合でも、ごく自然に戸浪らしい存在感を漂わせていたのである。

さらに五月には、〽ざっとさばいて言い抜ける」の件で文庫机を拭かず、ただあたふたするだけであったり、〽天道様、仏神様」の件で客席に背を向けたまま、非常に小さく空を仰ぐだけ、という不満点があったのだが、十二月の所演ではどちらも改善されていた。具体的には、〽ざっとさばいて」では慌てながら文庫机を拭くようになり、〽天道様、仏神様」の件では下《しも》手《て》・上手《かみて》と大きく見上げ、祈るような仕科をするようになったのである（尤も、どうせこの仕草をするようになったのなら、後ろ向きのままではなく、正面を向いてすれば尚良かったとは思うのだが――）。

ともかく、これらの改善によって、梅枝の戸浪の印象は一変し、ひいては『寺子屋』全体も引き締まったのである。

こうした梅枝の舞台ぶりを見るにつけ、梅枝は一種の才気の持ち主ではないかと思うのだ。カンがよく働くので、おおよその目指すべきところを手早く見当をつけられる。しかも身体もよく動くので、例え本人には納得のいかないものであっても、傍目には充分しっかりした演技として映るのである。

また、バランス感覚に優れているということも言えると思う。自分が女形であること、そして、まだ三十前という年齢であることなどを弁え、常に立役や先輩を立てることなどを忘れず、その時その場に相応しいことを判断し、多くの制約を心に留めながら、舞台上で端正にやれるのである。そうしたところが、梅枝の舞台が年齢以上に大人びている理由だと思うのだ。

もちろん、梅枝の演技が完全無欠で瑕瑾が一切ない、と言っているのではない。例えば八月の千代（国立小劇場「双蝶会」）では、揚幕から出た瞬間、既に大粒の涙をこぼしていたのはいけない。そこまで役に入り込めるのは、役者として重要な資質かもしれないが、それを肚におさめなければ義太夫狂言にはならないのである。

それは、『すし屋』（平成二十六年十一月歌舞伎座）のお里でも同様で、菊五郎の権太が手負いの述懐に入るや否や、梅枝のお里はボロボロと涙を流していた。筆者は瞬間、冗談ではなく、梅枝が大汗をかいているのかと思った。しかし、それはよく見ると汗ではなく、涙であった。それに気付いたとき、義太夫狂言の虚構美が崩れてゆくような感覚を覚えた。あまりにも心理が先行しすぎているのだ。

このほかにも、役柄を問わず、足取りが生っぽくなったり、台詞の速度が速すぎるなど、若手に共通する弊をみせることもある。けれど、それらは経験を積む過程できっと解消されるのであって、二十代後半の役者としては、驚異的なほどに安定した舞台ぶりだと、そう言いたいのである。

三

さて、いくつかの『演劇界』の梅枝のインタビューに目を通して感じるのは、大きな夢や目標を持つよりも、ひたすら目の前のことに集中しようとする姿勢である。遠い未来に思いを巡らせるより、決して焦らず気負わず、小さな階段を、一つ一つ確実に登ってゆこうというのである。

例えば、『東海道四谷怪談』（平成二十五年七月歌舞伎座）のお袖の役作りについて、「お袖は格好こそ娘だけれど、与茂七という許嫁がいて、地獄宿でああいう商売もしている。そのどこに重点をおいたらいいのか、まずわかりませんでした。結果として娘役に近いやり方になりました」

と語っているのが目を引いた。いたずらに現代的な捉え方をしようとせず、まず役柄を考えるところから始めようとする堅実さ。

また、続けて、『地獄宿』の場面で難しかったことの一つとして「南北独特のせりふ」を挙げ、「世話物でもたとえば黙阿弥なら七五調のリズムに乗っていけば、ある程度はお客様の気持ちに届くようにできていますが、ブツッと切れるようなせりふが多いんです」と説明しているのも強く印象に残った。戦後の歌舞伎界では、南北の作品でも、黙阿弥作品のように演技する傾向が強かったようだが、その結果出来上がるのは、外見は南北で内実は黙阿弥、という不思議なものだったらしい。そうした風潮のなかにあって、まだ思うように出来ないのだとしても、黙阿弥風を避け、南北は南北として捉え、表現しようとする梅枝の姿勢には、大変頼もしいものを感じるのである。

四

以上述べてきたことを総合的に考えるにつけ、梅枝が菊五郎劇団内の、いやもっと広く、次世代の歌舞伎界での主戦力になるのは間違いなさそうである。周囲もそう見ている節があって、平成二十八年の歌舞伎座に限ってみても、梅枝に与えられた役々は、『籠釣瓶』の九重、『対面』の少将、『寺子屋』の戸浪、『馬盥の光秀』の妹桔梗、『大蔵譚』のお京、『吉野川』の腰元桔梗、『毛抜』の巻絹、『御浜御殿』のお喜世、というラインナップである。同世代の役者たちが羨むほどの豪華さだろう。

曽祖父の三代目時蔵は、晩年こそ立女形の地位を得たにしても、五十代半ばまでは不遇続きであり、四代目時蔵は志半ばの三十四歳で早世。父を幼くして失った当代時蔵にしても、四十代後半で菊五郎の女房役に落ち着くまで、相手役も所属する一座も定まらない日々が続いた。それを思えば、今の梅枝の恵まれた修行環境は、時蔵家の悲願であったに違いない。

梅枝は、これからも着実に階段を登り、より堅実で必要とされる女形に成長してゆくだろう。一方で、そうした手堅さやソツのなさは、〈意外性〉の希薄さと、常に隣り合わせであるということは、是非言っておきたい。

今の環境では、必然的に世話物に出る機会が多くなると思うが、梅枝の唯一無二の魅力・個性を強く主張してゆくためには、古歌舞伎の面影を色濃く残す狂言――例えば〈家の芸〉とも言うべき『嫗山姥』や、荒事などに出ることをもっと望みたい。そういうものにこそ、梅枝の古風な面貌を活かす要素があるからで、八重で起こした奇跡をもう一度起こせるかもしれないからである。

坂東彦三郎 ――襲名による飛躍――

一

今年（平成二十九年）の五月に、『石切』の梶原と『対面』の五郎で九代目彦三郎を襲名した。この数年、菊五郎劇団内での存在感が増してきており、徐々につく役が大きくなってきていると思っていたら、やはり襲名が発表された。

芝居に対しては「ストーリーをちゃんと見せられる歯車の一つでありたい」（『演劇界』平成二十九年五月号）という気持ちを持っていて、役者として自分自身が褒められるよりも、出ている芝居全体が褒められる方が嬉しいという。役者としては珍しい考えの持ち主だと思うが、そういう考えを持つに至ったのは、祖父・十七代目羽左衛門と父・楽善が、菊五郎劇団の重要な脇役で、自己を前面に押し出すよりも、芝居全体を見渡したり、主役を盛り立てることを優先する立場に置かれていた役者だからかもしれない。

そういった意識は、『襲名披露口上』を一幕設けるのではなく、劇中口上という形をとったのが「その一幕をつくることによってほかのお芝居が短縮版になるのであれば、劇中で短く名乗るだけのものの方がいい」（同上）という考えからであったことと、共通するものがあるように思われる。

そのほかに気付く事は、襲名によって浮き足立ったところがあまりないことである。きちんと地に足がついている。『ほうおう』での特集記事でも、襲名によって新たな花を開かせるというよりも、「父から芸を落とし込んでもらう良い機会」、また、「今回の襲名のテーマは平常心です。（中略）襲名したからといって、パワーが出てきて新しいすごいものができるとは思っていません。私は私です」と語っているが、それらの発言の根ざすところも一つと言っていい。あくまでも今回の襲名は、特別な大きいステップではなく、改めて勉強するいい機会、修行の一つの過程としてみているようなのである。それも、決して卑屈にならず、過度な謙遜でもなく、冷静に、控えめに、思うところを語っているところに彦三郎の好ましさがある。

しかし、客席から見ている限り、襲名公演での彦三郎は、初日の時点で、すでに大きく変貌していた。

その月の歌舞伎座で注目を浴びる役者の一人であり、『石切』にしろ『対面』にしろ、一幕のなかでの主役なのだから、いつもより熱っぽいのは不思議ではないとしても、役者ぶりともいうべきものが一段と良くなっていたのである。

新彦三郎のそんな変貌ぶりを見ながら、父・楽善がその亀蔵時代、周囲の人からしきりに「いづれは羽左衛門……」と言われるが、「わたしはどういうものか、羽左衛門という名前よりも、彦三郎に惹かれ」ると語っていた（『演劇界』昭和四十八年八月）のを思い出した。この発言の通り、彼は八代目彦三郎として三十七年、多くの功績を残して現在に至り、そして、長男の亀三郎にその名を譲ったのである。彦三郎という名跡が、その芸に、その肉体に、ピタリと合っている役者だと常々思っていたものだったが、全く同じことが九代目彦三郎にも言えるのである。彦三郎という名跡が、早くも身についている。しかも、襲名の舞台での新彦三郎は、これまでとは一味も二味も違って見えるほどの、鮮やかなる変貌を遂げていたのである。

二

舞台上での彼の大きな魅力は、その声音の素晴らしさにある。伸びやかでハリのある美声。場内に心地よく響き渡る豊かな声量。その声質は彦三郎が天から与えられた資産といっていい。それが最大限に活かされた例に、襲名の舞台となった『対面』の五郎がある。この舞台で何よりも映えていたのは、台詞の調子のあることだった。例えば、「頂きますべえ、頂きますべえ」や「今日はいかなる吉日にて」などでは、目一杯に調子を張り、荒事らしい気分が舞台一杯に広がったのである。

また、同じく襲名での『石切』は、彦三郎は初代吉右衛門の型ではなく、十五代目羽左衛門の型で演じたのだが、彦三郎にはこちらのほうが向いていると思われた。その一番の理由も声音である。例えば花道七三での台詞。吉右衛門型だと「しからばご免」と〈呂の声〉で重厚な台詞回しを聞かせるが、羽左衛門型だと「しからば」と〈甲の声〉で朗々と張る。吉右衛門型だと重厚で複雑な人物になるが、羽左衛門型だと明朗闊達な梶原像になる。それぞれ、型の創始者である初代吉右衛門と十五代目羽左衛門の芸風が反映されているとみてよさそうだが、彦三郎の美声には羽左衛門型の言い回しがよく似合い、さながら一陣の風が吹く如き爽やかさが漂っていたのである。

彦三郎に羽左衛門型が合っているというのには、もう一つ理由がある。例えば眼目の石切の件である。ここは吉右衛門型では、原作通りに六郎太夫と梢の影を重ねて二つ胴に見立て、故実通りに袱紗を置き、客席に背を向けて切る。

羽左衛門型だと二人の影を二つ胴に見立てる原作の趣向とは離れ、絵になるように手水鉢の両側に二人を立たせ、それから手水鉢の向こうへ周り、正面を向いて刀を振り下ろす。そして、手水鉢が左右に割れるや否や、颯爽と飛び越えて出てくる——という手順になる。つまりは理屈よりも派手さや形容の良さを優先させる型と言えるわけで、その颯爽と飛び越えてくる件では彦三郎のスッキリとした風姿が魅力的に活き、羽左衛門型らしい気分が舞台に横溢したのであった。

声音と風姿。羽左衛門型の梶原に不可欠な二大要素が、新彦三郎には備わっている。十五代目羽左衛門とは血の繋がりはないながらも、型を継ぐべき立場の役者に、それに相応しい資質の持ち主が現れる。それは、単なる偶然ではなく、歌舞伎界を取り巻く不思議な力による必然なのかもしれない。

三

さて、無事に歌舞伎座での襲名興行を終え、その存在感と魅力を強く印象付けた彦三郎だが、今後望みたいことが二つある。

一つは、もう少し自己顕示欲を持ってもいいのではないか、ということだ。それは、決して「芝居の歯車になる」という彦三郎の信念に反しない。芝居のなかの一部分からはみ出さずに、役者・彦三郎をもう少し前面にだす事は出来ると思うのだ。それが可能なだけの魅力の持ち主なのは襲名の舞台から明らかだったし、名跡の格とのバランスということもある。

もう一つは、緩急強弱のある台詞術の体得である。例えば『石切』での「心安かれ、六郎太夫」までの長台詞などは、天与の美声を響き渡らせていたものの、惜しむらくは、活け殺しの妙に乏しかったのである。

これに関しては、初日以降、日を追って少しずつ改善されてきてはいたが、まだ充分とはいえない。メリハリのある台詞回しを体得した時にこそ、彦三郎の美声は一段と高い価値を持ち、より素晴らしい役者へと生まれ変わるのである。

尾上松也
——自力で切り開いた道——

一

ここ数年の松也は、以前にはちょっと想像もつかなかったような役を手掛けるようになった。

ざっと振り返ると、松也の勤める役は、第四期歌舞伎座が閉場するまでは、脇の女形がその大半を占めていたが、建替え期間中からは、徐々に立役が増え始めている。それも、最初のうちは端役が多かったのが、第五期歌舞伎座の開場少し前あたりから、主役や準主役クラスの役を勤めるようになる。その一部を列挙してみると、『対面』の五郎、『菅原』の桜丸と源蔵、『五、六段目』の勘平、『鳴神』の鳴神上人、『弁天小僧』の弁天、『廿四孝』の勝頼、『関の扉』の宗貞、『切られ与三』の与三郎、『千本桜』の狐忠信・相模五郎・小金吾・知盛、それに『鎌倉三代記』の三浦之助、といったところである。このなかには、元来向かない役もあったし、松也が座頭となっての若手公演でのものも多く含まれているが、それにしたところで、松也がこれほどの大役を勤める日が来ようとは、一体どれだけの人が想像していただろうか。

二

ここまで松也が登りつめたのには、一つには父・松助の余光があると思う。松助は、二代目松緑の弟子として、長年菊五郎劇団に尽くしてきた脇役である。菊五郎にとってみれば、松也に役を与えたり、希望が叶うようサポートすることは、松助への一種の恩返しのような意味合いがあるのではないだろうか。

『音羽嶽だんまり』（平成二十七年十月歌舞伎座）はその松助の余光の代表的なものであったろう。松也はこの月、歌舞伎座の開幕劇の芯を任された。そして、六方を踏んで花道を引っ込んだ。この月は〈二世松緑二十七回忌追善狂言〉と銘打った芝居が三つあり、『音羽嶽だんまり』はその三つにこそ入っていなかったが、実質はその延長線上にあったとみていい。つまり、二世松緑・菊五郎劇団に生涯を尽くした松助へのご褒美が、松緑追善の月に松也の元へ巡ってきたと考えられるのである。

しかし、そうした受身的な視点にとどまらず、一方では、本人が〈芯をとれる役者になりたい〉という明確な目標を持ち、その実現のために奔走してきたことも、忘れてはならない。『演劇界』のインタビューによると、毎年夏に行われる自主公演『挑む』は、「現状に甘んじないをモットーに自分たちのできることを最大限する」、「前回とは違うものを打ち出すことで一歩ずつ階段を登ろう」というスタンスで続けられているという。

そういえば、ある時期から松也は菊五郎劇団の公演に出る回数が減り、積極的に他家の役者たちと共演するようになったことに気付く。それのみならず、テレビや現代劇、ミュージカルなどへの出演も目立ち始めたが、それについて松也は「一俳優として、演技をするものとして自分の可能性を試してみたい」と語っている（上記の引用は全て平成二十五年九月号）。

では何故に松也は、父の築いたポジションに満足せず、ひたすらに大きな役――主役級――に拘り続けるのか。歌舞伎界には、古くは多賀之丞のように、今では田之助や東蔵のように、名脇役として人間国宝になった役者もいる。松助だって五十九歳という早すぎる別れではあったものの、晩年には世話物に不可欠な存在として、劇団内での信頼は相当厚いものだったのだ。名脇役の存在なくして歌舞伎は成立しない――それは当然のことなのだが、しかし、そうした役柄に定着することを良しとし得ないところに、松也の懊悩がある。

立ち入った憶測をすれば、きっとそれはこういう理由ではあるまいか。脇役で舞台に出るということは、脇としての行儀を守らなくてはいけない。居所は基本的に主役よりも後方で、声も主役より大きく出してはならず、仕科も遠慮して小さくし、仕事のない時には身体を殺していなくてはならない。こういった制約を破ると、脇としての行儀が悪いと言われてしまうのである。

名脇役と言われながらも、日々そういった抑制を強いられる父の姿を見ていた松也としては、いつかは主役を、と望む気持ちが芽生えてくるのは無理からぬことだと思うのだ。名脇役として多くの大幹部俳優から信頼された父。誇らしく、尊敬できる父。しかし同時に、脇役という地位から抜け出そうとしない父に対するもどかしさ。最近の松也の大役を追い求める心は、そういった複雑な気持ちの反動かもしれないのだ。

歌舞伎の世界からテレビやミュージカルなどの分野へ飛び出し、知名度を上げ、自分のファンを増やし、少しでも集客に繋げ、それを武器として歌舞伎の世界へ戻り、より良い役を貰えるようなりたい。そういう松也の心の叫びが、筆者の耳朶に渦を巻いて聞こえてくるような気がするのである。

三

さて、こうした情熱と努力が実り、突如として大役を勤めるようになった松也である。その舞台に焦りすぎや気負いすぎが感じられないではないが、成果は徐々に上がってきている。それは特に二枚目・和事系統の役に顕著で、彼の演じた勝頼・宗貞・小金吾・三浦之助といった役々には、柔らかさや台詞の言い回しに多少の不足は残したものの、その生来の美貌や、凛とした声音などが活きていたのである。

五郎などの荒事、源蔵などの実事、相模五郎などの敵役なども勤めているが、荒事には〈力強さ〉が欠け、実事には〈声〉がなく、敵役には〈悪〉が効かなかった。これらは結局、ニンではないのである。

四

ニンかどうかは別として、ともかく松也はいま、昔には思いもよらなかった大役を次々と手掛け、キャリアを積んでいる。いつまでもこの日々が続けばいいのだが、しかし、松助は代々脇役の名跡であるだけに、いつの日か、自身の身の振り方について悩む日が来ないとも限らない。その時に松也は、どう振る舞うか。

菊五郎劇団に腰を落ち着かせるのか、それとも、今のようにフィールドを特定せず、その時々によって出演する一座を変えるのか。はたまた、テレビなどの他分野に転身してゆくのか。いずれにせよ、いまの大役の経験は、確かなキャリアとなって活きるだろう。

悩んだときに松也に思い出してほしいのは、先代権十郎である。権十郎は、東横ホールでは主役を張り、歌舞伎座では脇に回って堅実な舞台を勤めていた。そして、歌舞伎座に出た際には、主役の気持ちや都合のわかる貴重な脇役として、喝采を博したのであった。そういう先輩がいたことは、向後の松也を考える上で一つの良き材料になるのではないだろうか。

片岡愛之助　――世代唯一の上方役者――

一

愛之助は若手歌舞伎役者のホープの一人である。それも、この世代では貴重な、上方出身で、上方歌舞伎に強い意欲を持っている役者である。

手掛ける役の範囲は広く、上方和事の主人公はもちろん、丸本物の実事・荒事・二枚目、それに敵役まで手掛けている。そのどれもに変幻自在なのには驚かされるが、なかでも特筆したいのは上方和事である。愛之助と同世代の役者たちはみな関東の役者であるため、当然のことながら、上方役者である愛之助には、他優よりも上方風の味があり、上方言葉も自然なのである。生粋の上方役者の減少している今の歌舞伎界では、これは大切にすべき資質と言っていい。

殊にそう思ったのは『新口村』の忠兵衛（平成二十六年一月浅草公会堂）で、この舞台には確かに上方役者特有の味が看取されたのだった。

しかしその後、どういう訳か愛之助の上方和事は専ら地方での公演に限られ、東京ではかかっていない。愛之助が東京で主役を受け持つ一幕には、丸本時代物・踊り・『鯉つかみ』やその他の通し狂言がかかることが多く、また、新国劇のレパートリーを歌舞伎風に手直しした芝居が上演されることもあるのである。その時々の座組や、他の狂言との兼ね合いなどから、なかなか上方和事を出しにくい事情はあるのかもしれないが、この状況は少々惜しまれる。現在では大幹部世代を除いては、鴈治郎が上方和事の旗頭のようになっていて、しかも、その後に続く立役がいないかのようにみえる。こうした機会にこそ、愛之助の登場が期待されていいのではないか。愛之助が頻繁に上方和事を手掛けることは、本人の武器を活かすだけでなく、上方和事の命脈を繋いでゆくことにもなるはずなのである。

二

愛之助は秀太郎の養子である。門閥外の出身でここまでいい役がつき、東京においてすら時々一幕を与えられたり、座頭になったりする――そんな位置にまで登りつめた役者は歌舞伎界では珍しい。

特に驚いたのが『大津絵道成寺』（平成二十九年一月歌舞伎座）である。歌舞伎座で、それも夏芝居や若手揃いの月ではなく、一月の興行で、愛之助が一幕を受け持った。しかも押戻しに染五郎がつきあった。これは大きな驚きであった。

その上、同じ月に愛之助は幸四郎主演の『井伊大老』に水無部六臣、染五郎主演の『松浦の太鼓』に大高源吾で出演した。

水無部六臣は井伊直弼と幼馴染の役である。芝居としては幸四郎と並ぶとバランスが取れないきらいはあったにせよ、愛之助からすれば大抜擢という配役だったろう。大高源吾にしても、『松浦』のなかでは主役に次ぐ大役だ。この役は松浦侯を勤める役者が信頼している役者、期待をかけている役者に割り当てられることが多いのだ。

これをみれば、幸四郎と染五郎が、愛之助に大きな期待をかけていることがよく分かる。それは、愛之助の今後を占う上で大きな判断材料となることだろう。

三

愛之助が上方の役者としてやっていく上で、考えなくてはいけないことがもう一つある。それは、上方歌舞伎が今後どうなるか、ということである。

南座（祇園歌舞練場含む）と松竹座での古典歌舞伎のかかる本興行は、二座合わせて、平成二十七年は六回、平成二十八年は三回だった。その少ない上方興行のなかで、上方和事が演じられるのは、月によっては一つ、もしくは一つもかからない月もあったのだ。

上方の土壌で生まれ、上方の観客によって育てられた上方歌舞伎が、今では上方で上演される機会がこれほど少なくなってしまったのだ。東京で少ないのも当然かもしれない。

愛之助は、こうした状況について熟考する必要があるのではないか。上方和事の隆盛のため、舞台に掛けるチャンスに恵まれやすくなるにはどうすればいいのか。

考えられる選択は、今のように共演者を固定せず、その時々の出られるところに出るか、もしくは、特定の一座に所属するか、のどちらかである。

前者にも、良いところもあるのかもしれない。うまく事が運べば、広い客層に愛之助の存在をアピールできる。そして多くの役者に信頼され、脇のいい役を任されるようになる。さすればどこの座組でも時々一幕与えられ、上方和事を上演できるようになりやすい。が、反面、この選択は、事によっては万事がそううまく運ばない危険性もある。

そういった事を考えると所属する一座を固定することが愛之助のポジションを安定させ、更にはそれが、愛之助による上方和事の上演の実現へと、繋がってゆくように思えてならない。

ではどういう一座に入るのが望ましいか。

まず理想的なのは、上方役者でまとまり、一座を作ることである。次世代の上方歌舞伎の担い手は、愛之助の他に、鴈治郎・扇雀・孝太郎・壱太郎らがいる。彼らが一座としてまとまって、藤十郎や仁左衛門・我當・秀太郎に指導や監修を頼み、上方歌舞伎の興行を定期的に打てたとしたなら、その進展と共に、貴重な技芸・型・感性などの継承もスムーズに進みやすい。が、現実問題としてそれは難しいと思われる。この座組では人数も少なく、できる狂言もまた限られてしまうのだ。

となると、既成の一座ということになる。この数年、愛之助が比較的よく招かれているのは染五郎の一座、海老蔵の一座である。

ここでの選択が、愛之助の今後・上方歌舞伎の隆盛を左右すると言ったらば、言い過ぎになるであろうか。

立役

中村歌昇は吉右衛門を常に間近で見て、その芸を学ぼうとしている。第二回「双蝶会」での『車引』、『寺子屋』（平成二十八年八月国立小劇場）の松王丸を見ていると、歌昇のなかに吉右衛門を敬愛する気持ちが溢れているのを感じた。吉右衛門の後に続こうとする姿勢は、すなわち義太夫狂言に邁進することに等しい。義太夫狂言が歌舞伎演技の基礎であることを思えば、今の日々が歌昇を本格派の歌舞伎役者へ導いていると言えるのである。

中村萬太郎は子供の頃、踊りの名手であった藤間勘紫恵が、そのセンスの良さに驚嘆していたという。事実、『供奴』（平成二十五年十一月国立劇場）でも時蔵が褒めていたとのことだ。芝居の配役ではどうしても兄の割りを食ってしまいがちだが、しかし、少しずつ、確実にキャリアを積んでいる。印象に残っている役は二枚目・和事系統に多く、この種の役に扮した時の凛々しさ、柔らかさなどは得難いものがある。

坂東巳之助は、すっきりとした容姿に、高く伸びやかな声を持っている。そういう巳之助の魅力を強く感じたのは、父・三津五郎復帰の『壽靭猿』（平成二十六年四月歌舞伎座）だった。三津五郎の猿曳に、巳之助は奴橘平。爽やかな風姿にも目を引かれたが、特に〈甲の声〉の良さがより鮮烈で、巳之助に演じてもらいたい役の数々が思い浮かんだのを覚えている。踊りのうまさも、この世代では頭一つ抜けている。今後がとても楽しみな役者である。

中村種之助は、荒事・実事・和事・女形・舞踊と、どんな役柄にも挑戦し、いずれにおいても高い成果を上げているのには瞠目させられるが、なかでも特に深く印象に残っているのは『角力場』の与五郎（平成二十六年六～七月巡業）である。つっころばしは、上の世代を見渡してもできる人は限られる。それを当時二十一歳の種之助があれだけやってみせたのだから、驚くほかはなかった。まだ専念すべき役柄を決めかねているようだが、筆者としては和事系統に重点をおいて伸ばしてゆけば、貴重な役者になると思っている。

中村隼人はいま、テレビや話題の新作に多く出演して、人気上昇中の若手である。古典歌舞伎の舞台では『仮名手本忠臣蔵』（平成二十八年十月国立劇場）の力弥が印象に残っている。また、珍しい『力弥使者』の場でも、小浪（米吉）とのカップルに、もどかしさや初々しさが流れていて好感が持てた。幸四郎や吉右衛門が主演する時代物に出演する機会が多いのも好ましく、今は優れた先輩たちの芸を間近で吸収しながら、着実に引き出しを増やしている最中である。

中村橋之助は三兄弟の長兄で、なかでも一番の芝居好きであると聞く。所構わず芝居ごっこを始めるのは、小さいころから橋之助だったという。好きこそものの、というわけではないが、役者としては好ましい気質だと言っていい。『尼ヶ崎』（平成二十九年二月歌舞伎座）の佐藤正清では、槍に足を絡ませての見得で、父・芝翫とそっくり同じ顔になり、錦絵の如き趣きが揺曳したのには驚嘆した。これからが楽しみな若手の一人である。

女形

中村壱太郎は『帯屋』（平成二十九年三月歌舞伎座）で長吉とお半の二役を勤めたように、主に若女形でありながら、時々立役も勤めている。筆者がより注目するのは女形のほうで、何よりも姿が初々しく、可憐であるのがいい。それに、お半の引っ込みの件では、七三でかなり長く芝居し、場を持たせていたのには驚いた。これからの上方歌舞伎を担ってゆく重要な役割も持つ人であるだけに、今後ますます存在感が増してゆくはずである。

坂東新悟は玉三郎に憧れて女形を志望したという。『寺子屋』（平成二十八年十二月歌舞伎座）の御台所など、身分の高い役に扮しても、仕科や台詞回しが落ち着いていて、品もあるのが目を引く役者である。それに、父の弥十郎とともに大歌舞伎に出たり、浅草歌舞伎などで同年代のライバルたちと切磋琢磨するなど、一つ一つ確実に、焦らずにキャリアを積む姿に誠に強い好感を持っている。いい芝居に欠かせない女形になる日は、そう遠くないだろう。

尾上右近は真女形になるのかと思っていたが、最近では立役も勤めるようになってきた。しかし、印象に残っているのはやはり女形が多く、最近の舞台では『柳影澤蛍火』（平成二十八年七月歌舞伎座）のおさめに大きな技量の進歩をみた。この役は場面が進むごとに、町娘・小姓・御殿女中と役柄がまるで変わってゆくのだが、その変化に合わせて、仕科や台詞回しをきちんと変えていたのである。本人の研究と努力も相当なものだったと察するが、同時にまた、右近の肉体には紛れもなく六代目菊五郎の血が色濃く流れていることも、強く感じたのであった。

中村米吉の魅力は、何よりもそのぼんじゃりとした雰囲気にある。こういう持ち味は、誠に貴重なものといってよく、米吉はいい時代物の女形になりそうである。幸四郎・吉右衛門・仁左衛門など、優れた先輩と頻繁に同座しているからだろう、近頃の技量の進歩には目を見張るものがある。最近では大抜擢に応え、『弁慶上使』（平成二十九年六月歌舞伎座）の卿の君と信夫の二役、『御所五郎蔵』（同）の逢州で、確かな結果を出したのであった。

中村児太郎はこれまで、もどかしさを感じさせるような配役が多かったが、そうしたなかで時折覗かせる稟質の素晴らしさに、成駒屋の血というものを感じずにはいられない。殊に鮮烈だったのは『先代萩』（平成二十七年九月歌舞伎座）の小槙である。まず揚幕からの「ハァー」という第一声からとても落ち着いていて、劇空間にピタリと調和する非凡なものだったが、その後、花道を歩む姿にも、古典歌舞伎に必要な格調・愁い・陰影・厚みなどが備わっていたのが忘れられないのである。『駄右衛門花御所異聞』（平成二十九年七月歌舞伎座）でも、お才という役を演ずるや、貞淑な女房・女盗賊・女郎屋の女主人という三つの役柄を、それぞれハッキリと描き分けていたのには目を見張った。まさに「英才の人」と言っていい。

●第二章　劇評抄

吉右衛門の熊谷

平成二十七年二月夜

二月の〔夜の部〕は『陣門・組打』が一級品である。

吉右衛門の熊谷は、まず三場それぞれの最初の出《で》が素晴らしい。最初の『陣門』では、揚幕から勇壮に鎧兜姿で駆けてくる。そして七三での「平山殿はおわするか」という台詞や、「南無三！」と叫びながら豪快に肩を揺らし、鎧の音を激しく立てる仕科で、瞬時に観客を劇空間に引き込むのである。

『須磨浦』では揚幕から馬に乗って出る。七三で止まり、本舞台の敦盛（実は小次郎）へ言う台詞の力強さと緩急のうまさ——とりわけ最後の、「オーイ、オーイ、オーイ」と漸層的に盛り上げていく件《くだり》が誠に見事である。

『組打』になると舞台中央のセリから上がってくる。熊谷と敦盛はお互いの肩に手をかけた形をとっているのだが、このとき吉右衛門の身体から、えも言われぬ哀切さが滲み出て、この先の悲劇を痛切なまでに予感させるのだ。

ここから先は、肚芸によるところが多くなる。例えば〽塵打ち払い」で、敦盛の鎧を払う件では、なにげない仕科のなかにも深い情がこもっているし、〽西に向かいて」で鎧兜を脱ぐ敦盛をひたすら見つめ続ける熊谷には、もはや愁いなどという言葉では到底表現しえないほどの、〈魂の慄き〉のようなものが漂っていたのである。

〽御目を閉じて待ち給えば」で敦盛が手をあわせると、迷いを振り切るかのように立ち上がり、そばに寄る。そして、〽振り上げは上げながら」で一度は刀を構えるものの、どうしても思い切れない。その迷いが〽玉のようなる御装い」で敦盛の首に手をかけたまま見つめ合う、二人の心の通い合いへと繋がってゆく。さらに、〽太刀振り上げし」で二度刀を構えるものの、またも振り下ろせず、〽討ちかねて」で泣き崩れるのである。

ここまで、大切な件で絲に乗って重厚に、様式的に芝居をして、そのなかに熊谷の苦悩を描ききっているのが筆舌に尽くし難いほどの素晴らしさである。

平山が出ると、〽いかがはせん」で目を合わせる瞬間だけ、二人は親子に戻る。それも決して底を割るようなものではなく、ごくわずかに、静かに示されるのがさすがであった。

首を切り落とすと、しばし静寂のなかに太棹の音色のみが響く。吉右衛門は、その音色にのって刀を鞘におさめる。どんな仕科にも竹本と不即不離であろうとする吉右衛門の意図が感得されるのだ。こういうこだわりの積み重ねが、知らず知らずのうちに義太夫狂言の味わいを作り出し、いつしかそれが、吉右衛門独特の世界へと昇華するのである。

〽曇りし声を張り上げて」では首をグイっと花道の方へ突き出す。ここで吉右衛門の熊谷は、若武者を自らの手で散らした懊悩を、笑みに近い表情のなかに隠す。

「平家方に隠れなき」から「討ち取ったり！」までのノリの台詞と、その次の「勝鬨！」という叫びも明るく言う。どこまでも敵将を討った喜びの台詞になっているのである。

しかし、ただ単に笑い、明るく言うというだけではない。その笑みの裏に、明るい声調の影に、深い悲愴感を漂わせ、極めて複雑な表現になっているのである。これを的確に表す言葉を筆者は知らない。強いて言葉にするなら、〈地獄の業火のなかで無理やりひねり出した笑顔〉とでもいおうか。

換言すれば、吉右衛門は現代的でリアルな心理描写をしない。ともすれば暗く深刻な心理表現になりそうなところを、徹底して義太夫狂言の様式に従いながら、封建社会における倫理を受け入れ、苦悩し、ついには悲惨な結論を出さざるを得なかった熊谷直実という武将を、余すところなく描出したのである。そして、そういう吉右衛門の熊谷は、現代を生きる我々に、「いかに生くべきか」を鋭く問いかけてくるものでもあったのだ。

こうした逆説的とも言えるような表現は、ここから幕切れまでのあいだ、随所にみられた。例えば「いずれを見ても蕾の花」は、詩を詠うような音楽的な台詞回しに、限りない悲嘆がこもっているし、〽同じ思いの片手綱」では、激しい三味線の音《ね》が鳴り響くなか、愁いを肚に潜ませながら、轡をグーっと持ちあげるという派手な芝居をする。そのようにすることで、この場を覆っている悲哀が、悲哀のための悲哀に終わらずに、一片の美しさを伴ったものになるのである。

もう一例が幕切れだ。そこに至るまで、熊谷が若者二人の亡骸を流す件が続いており、舞台は吉右衛門の身体から発せられる孤独感、それ一色に染められている。そして、〽涙ながらに」で熊谷は愛おしそうに首を撫で、頬ずりし、堪えきれず泣き崩れる。と、そこへ突如としてドンジャンの音が鳴り響く。けたたましい戦の音が響くことで、かえって須磨浦の静けさが強調され、それがまた、吉右衛門の熊谷から発せられる孤独感と混ざり合い、果てない無常観となってこの場を包んだのである。しかも、その無常観を纏ったまま、右足を踏み出し、ツケ入りの見得で幕となる。心に残る余韻も実に深いものなのであった。

吉右衛門の熊谷は、技芸が円熟の域に達しているのはもちろんだが、何か言葉では言い表せないほどの気迫や、この芝居にかける意気込みのようなものがあるように感じられた。まさしく、指折りの名演だったというに憚らない。本当に記憶に強く残る『陣門・組打』の熊谷だった。

小次郎と敦盛の二役は菊之助。まだ哀れは少々薄いとはいうものの、若武者姿がよく似合う、瑞々しい所演である。良かったのは、『組打』で、熊谷との二人のやり取りだ。ゆっくりと、一語一語を噛みしめるように会話をするため、二人の情愛がしっとりと交わされる。仕科では〳〵と勧められ」で髪を口にくわえる件の哀切さが印象に残っている。

玉織姫は芝雀。出の件で、七三で後ろを振り向いた形が美しい。それでいて気品を失わぬ哀愁が流れているのがさすがだった。平山武者所は吉之助。

中幕は『神田祭』。菊五郎の鳶頭が粋である。前後の狂言とのバランスを考慮してか、芸者として時蔵・芝雀・高麗蔵・梅枝・児太郎の五人が登場し、舞台は一際華やかなものとなる。そして最後には大鯰。これで祭礼の気分が一段と盛り上がる。

二番目ものは『筆屋幸兵衛』。幸四郎の幸兵衛は、花道の出に工夫がある。ここでは、深刻な表情をする優が多いのだが、幸四郎は表情を曇らせない。二円の金と、赤子の晴れ着をもらった帰り道だということで、むしろ穏やかな面持ちで家路を急ぐのである。そうすることで、のちの堪え難いほどの貧苦の描写が一層重苦しく活写されるのだ。

眼目の「狂い」の件も見事である。「これを殺さにゃならんとは、いかなる因果で」で立ち上がり、もう一度小刀を構えるものの、またも振り下ろせず、突っ伏してしまう。そして、すっと起き上がると、すでに狂いが始まっている。箒を薙刀に見立てて、『船弁慶』のパロディを演じてみたり、薪を放り投げたり、赤子を振り回したり、哄笑しながら後ろへ箒を放り続けるその狂態には、救い難い下級武士の絶望感が色濃く纏わりついているのであった。

児太郎のお雪も好感の持てる丁寧な所演。金太郎のお霜はまだ幼いのにしっかりと細かい芝居をしている。彦三郎の金貸し金兵衛、権十郎の代言人茂栗安蔵は安っぽく演じているのがいかにもそれらしく、錦之助の三五郎は江戸風の二枚めぶりがいい。おむらは魁春。差配人は由次郎。巡査は友右衛門。

当代の『新薄雪』

平成二十七年六月 昼夜

六月の歌舞伎座は昼夜に分けての『新薄雪物語』の通しである。当代の大立者たちが円熟期にさしかかってきている今、彼らによるこの難曲の上演は、数年来の筆者の念願だった。〔昼の部〕の『花見』。まず登場するのは薄雪姫の一行である。薄雪姫は場ごとに役者が変わり、この場は梅枝。若女形らしい美しさ、赤姫らしい気品があるのがいい。が、床几に腰かけているあいだ、やや表情がキツいのと、目線を真正面に向けているのは赤姫らしくない。時蔵の籬は、菊五郎の妻平とバランスのとれた好配役。ただし欲を言えば、今少し蓮葉な色気があれば。

続いて出てくるのは左衛門の一行。錦之助の左衛門は、やや分別臭くみえるものの、その二枚目ぶり・柔らかさなどは確かなものがあり、「ハテ、風情ある眺めじゃなぁ」などの台詞にも、それらしい味わいがあった。国行は家橘、国俊は橋之助。

菊五郎の妻平は、自然に軽く演じていながら、酸いも甘いも噛み分けた繻子奴になっているのがさすがである。

次に登場するのは悪役の二人。まずは団九郎の吉右衛門が、時代物の悪を太いタッチで見せる。続く仁左衛門の秋月大膳も逸品だ。大膳の投げた手裏剣で国行が息絶える。そこへ「大膳殿！」と団九郎が声をかけると、「コリャ」とそれを制し、朗々とした「咲いたわ、咲いたわ」で笠を外す。そこに現れる仁左衛門の顔の立派なこと。王子の鬘に癇筋という大時代な化粧——それがピタリと似合い、巨悪と呼ぶに相応しい妖しさを湛えているのである。それだけでも充分すぎるほど貴重だが、そのうえ仁左衛門は美しいのである。だから仁左衛門が周りを見回すだけで、舞台の桜がひときわ華麗に踊りだすように感じられる。巨悪のスケール感と美しさと、爛漫たる花景色。その全てが渾然一体となり、舞台上に魅惑的な〈悪の華〉が満開になった。

そうしたなか、当代の立役の二大巨頭ともいうべき仁左衛門と吉右衛門が、七三と二重で天地にキマる。これぞまさしく大歌舞伎という趣きを堪能した。

最後に、妻平と水奴の立ち回りがある。妻平が赤の襦袢姿となり、そこに赤い水奴が絡んでいく。これは最近の定番となっている演出だが、水奴は水奴らしく浅葱にしたほうが、それぞれの色合いを活かせるように思うのだが……。

二幕目は『詮議』。この場で強く目を引くのは、花道から四人の立役――幸四郎の伊賀守、菊五郎の民部、彦三郎の大学、仁左衛門の園部兵衛――が出てくる件である。

この四人の共通点は、いずれも舞台映えのする大きく立派な顔の持ち主である事と、それぞれの役柄に応じた拵えを、すっかり自分のものとしている事だ。その四人が、揃って花道に居並ぶのだから、それはもう一大パノラマとして我々の眼前に広がるのである。

さて、仁左衛門の二役め、園部兵衛。この役は生締の鬘が示す通り、物事の理非をわきまえた実事の役だが、仁左衛門はまさしく誠実な人間を描出している。特に、罪を認めようとしない左衛門を諌める、「なぜ潔く切腹せぬ！　あのここな、不所存者めが！」という台詞では、不本意ながらも表向き、我が子に厳しくあたらねばならぬ、という苦しい胸中を、鮮やかに描きだすのである。

幸四郎の伊賀守は、左衛門が「伊賀さま、国行が死んでおります」とすがりつく件で、チラリと一瞥し、スッと目を閉じる件が素晴らしかった。いかにもさりげなく、それでいて重々しく会話を拒絶するのだが、その肚では、どうにか助ける方法はないか、と模索する苦しさが読み取れるのだ。

菊五郎の民部はいかにも捌き役らしいスッキリとした声音・風格がさすがである。扇の下で左衛門と薄雪の手を握らせる件の豊かな情味も深く印象に残っている。

彦三郎の大学は、大膳に準ずる敵役として、充分に存在感をだしている。

松ヶ枝を勤める芝雀は、吉右衛門と夫婦役を勤めるようになってから、役者ぶりがぐんと上がってきている。

錦之助の左衛門は、刀を改める件で、目釘の外された跡に気付き、事態の異変を予感し、思わず開封の手が早まる――という流れが自然で丁寧だ。七年前にはみられなかった優れた工案である。

この場の薄雪姫は児太郎。この若女形には、見るたび毎に瞠目させられるような進歩がある。まさしく血筋の良さを思わせる役者である。

〔夜の部〕に移って『広間』。ここでも仁左衛門の園部兵衛が立派である。薄雪姫に落ち延びるように説得する件などは、誠意があってまさに実事らしい味である。

更に、刎川兵蔵（又五郎が好演。この場の緊迫感を高める役割を果たしていた）が持参した刀を改める件では、〽「相伴させん」で荒々しく右手に刀を持ち、切っ先の血を見るとハッと息を呑み、そのまま目線を下げ、刀を返し、今度は鍔元から剣先に視線を移し、再び切っ先の血を眺めながら、「左衛門を切った刀で薄雪も一緒に切れェ……?」と呟き、また視線を下げていき、それが鍔元までいくと、思わず身体を乗り出し、「アァ！」と叫ぶ。そして正座に座り直し、刀を左手に持ち替え、右膝をポンと叩き、「はてなぁ、科は同罪。同罪とはよく言うた」と笑みを浮かべる。ここまで、激しく怒り、違和感を覚え、その根拠に気付き、更に伊賀守の真意を汲み取る、という心の動きが、崩れぬ形容の美しさから滲み出ているのが見事である。

魁春の梅の方は、深い藍色の着付をしっかりと着こなしている事や、幸四郎・仁左衛門と並んでも遜色ないのはさすがである。姫の出立を見送る件の〽奥方あとを見送りて」で大きく伸び上がり、いつまでも揚幕のほうを見込んでいる件には深い情愛が流れているし、切っ先の血に頬ずりして、「これが左衛門の血かいなぁ」という件の、いかにも堪えられないといった声調にも、悲しい母情の色が濃い。

薄雪姫はこの場は米吉。おっとりした感じが魅力的である。呉羽は高麗蔵、袖平は権十郎。

舞台が回って『合腹』。〽げに武士の奥深く」で、幸四郎の伊賀守の出《で》となる。一見ゆっくりと歩いているだけのようだが、時折わずかに足取りが乱れ、尋常な状況で無いことが無言のうちに示される。七三に辿り着くと、枝折戸を開け、まず右足でまたぎ、ややもたついて、ようやく左足でまたぐと、右手を枝折戸にポンと突いて、心を落ち着かせ、息を整える。この件には、〈腹にイガを抱えている心持ちで歩け〉という口伝があるようだが、それはまさにこれのことなのだと思った。足元が覚束ない割には、決して腹や背中は動かないのである。

さらに、右の草履がなかなか脱げず、一度座り込んで手を使い、白磗にそれを放り投げる件なども、型を忠実に守りながら、まるでそうと思わせないほど自然に運ぶのである。

不意に現れた左衛門に向かって「無くなれ、消えろ！」と叫ぶ件では、弱々しい手負いの声音でありながら、その台詞回しのなかに凄まじいまでの気迫を迸らせる。まさに座頭役者ならではの佳演である。

かくしてようやく「三人笑い」の件となる。まずは梅の方が「笑え」とけしかけられる。「アイ」と返事をしながらも、溢れる涙を抑えきれない。その様子をしばらく見せてから、大きく思い入れし、それから小さく笑い出すのだが、その笑いのなかに芯の強さを含んでいるのがいい。しかも、その笑いが徐々に大きくなるにつれ、逆説的ではあるが、その裏に隠された悲しみがより色濃く揺曳するのである。

次に笑うのは兵衛である。最初は小さくぎこちなく、「ウフフ、ハハハ」と笑っているのだが、次第に激しくなってゆく。それも、声音は低く抑制したままで――である。

最後の伊賀守は、最初は泣き笑い風に始まり、徐々に笑いが強くなり、最後にそれは高笑いとなる。

三者三様の笑い。それぞれが極めて個性的だ。殊に男二人は、低い声と高い声の対照をハッキリとつけ、大笑いをしていながら、どこまでも腹を切った人間の笑いになっているところに、傑出した技量をみる。

さらに、改めて三人が一緒に笑う、〽劣りはせじと打ち笑う」の件では、三者の悲痛を極めた笑い声が、太棹の音色のなかで溶け合って、歌舞伎の義太夫狂言でしか――もっと言えばこの狂言でしか――味わえない、陰影の深い、奇怪で、異様な世界が浮かび上がったのだ。まさに、今後の規範とするべき「三人笑い」なのであった。

このあとに珍しく『正宗内』がつく。しかし、吉右衛門が演ずる団九郎は、全体的にどこか水っぽく、薄味である。後半の団九郎のモドリが大きな見せ場になってはいるのだが、そこを際立たせるためには、それ以前に、もう少し団九郎の悪役ぶりを強調する必要があったのではないだろうか。

歌六の正宗は、団九郎を切ったあとの述懐である、「許して下され、国俊殿」という台詞に万感の思いがこもる。

国俊は橋之助だが、普段舞台を共にすることの少ない吉右衛門や歌六、芝雀のなかに入り、しっくりと馴染んでいたのは大きな収穫だった。しかし台詞に気になる癖がある。例えば「某を国俊と、ご存知ありしその仔細は」という台詞では、「某を国俊とォー、ご存知ありしィー、その仔細はァー」という風に、いつも一定のリズムで語尾を伸ばすのである。そのせいで台詞がやや一本調子に流れてしまうのである。

芝雀のおれんは、可憐で、娘役らしい色気がある。五人組は歌昇・種之助・隼人だが、細かいことをいうと、手の表現がバラバラである。歌昇と種之助は指のあいだを締め、まるで武士のように。隼人は指のあいだを開いて、身分の低い者のような手をしているのだ。後者で統一すべきではないだろうか。

さて、今回は昼夜に分けての変則的な通し上演だが、それは、無視できぬいくらかの問題点もはらんでいたので、ここでそれについて、少しく触れておきたい。

まず一つは、『花見』は開幕劇として見たかったという事だ。「双盤」という賑やかな下座のなか幕があくと、正面には清水寺と美しく咲き誇る桜の大樹である。そこへ入替わり立替わり姿をみせる華やかな役者たち……。どこをとっても豪華絢爛で、夢のような劇世界へと観客を誘う卓越した演出だが、今回は『天保遊侠録』に続く二幕目であるために、効果がやや薄まってしまっていた。

もう一つは、昼は『詮議』で終わり、狂言の核心部分が夜へ持ち越されてしまう、というものだ。〔夜の部〕開演前に、あらすじや人物相関図を書いた資料を配り、配慮しているのはわかるとしても、筆者には、その不親切さを補いきれていないようにみえる。

そこで代案を考えてみた。〔昼の部〕は『花見』から『正宗内』までを上演する。終演時間は十六時四十分前後。そして〔夜の部〕を十七時半からとし、幸四郎の濡髪、橋之助の放駒で『角力場』、そして『天保遊侠録』、『夕顔棚』を上演する。これなら終演は二十一時前になる。ハードルは色々あるかもしれないが、一つの案として提示しておきたい。

『天保遊侠録』では、橋之助の小吉が、啖呵をきる件などで熱演している。庄之助の国生は持てる力を精一杯出しての力演だが、発声にはまだ研究の余地があるか。芝雀の八重次はさすがの所演で、児太郎の茶良吉はあだっぽいのが良い。阿茶の局は魁春。

夜の打出しはしっとりとした舞踊の『夕顔棚』である。菊五郎と左団次の心温まる踊りのあと、巳之助と梅枝の里の若者が出て色彩《いろど》りを添える。

玉三郎のお三輪

平成二十七年十二月夜

十二月の歌舞伎座、〔夜の部〕は『妹背山』四段目の通しである。まず、四十五年ぶりの上演となる『杉酒屋』があり、いつもの『道行』、『三笠山御殿』と続く。

『御殿』では玉三郎が当たり役のお三輪を勤め、会心の演技を見せている。まず萌黄色の衣装がよく似合っており、花道から駆け出してきた瞬間から、娘役らしい色気に溢れている。台詞回しも当然素晴らしく、七三で止まり、周囲を見回しての、「エエ、この苧環の糸めが、切れくさったばっかりに」という第一声で観客の心を掴むのである。

「モシ、お留守かえ」は独特の半四郎風の言い回しのなかに蓮葉な味を出す。豆腐買いを見送った後の件では、〽見捨ててこれが」で奥へ進もうと決心するものの、また躊躇し、〽どう往なりょう」でその場に手拭いを噛んでへたり込み、再び意を決して三段に足をかけ、太鼓の音に驚いて後退りし、〽「長廊下」でようやく二重に上がり、官女たちとぶつかるまで、ごく自然に演じていながら、気がつくと観客はみな、玉三郎の演技に引き込まれているのだった。

性根の表現も行き届いている。例えば、〽「恨み色なる」で官女の一人がいたずら半分に苧環を手に取ると、すぐにキッとして奪い返したり、酌の指導を受ける件と謡いの件で、それぞれ一回ずつ、上手の奥を気にして官女に叱られる——など、最小限の演技のなかに、求女と苧環を何よりも大事にするお三輪の胸中を、余すところなく描くのだ。

「竹雀」の件では、玉三郎はやや踊りに近づけているようにみえた。ここは〈踊りになってはいけない〉という口伝もあるのだが、比較的踊りに近づける方が、半二の意向に沿っているのではないかと思う。ともかく、立派な御殿で田舎娘が踊る、という趣向を充分に堪能することが出来たのであった。

さらに圧巻だったのは、後半の「擬着の相」の件から幕切れまでである。今回は、歌舞伎の入れ事を多くカットし、本行にかなり近づけている。すなわち、官女たちに花道付際まで担がれ、諦めて帰りかけたところへ、奥から祝言の声が聞こえてくる。そこで「あれを聞いては」と叫ぶのだが、そう叫ぶ玉三郎には、一瞬のうちに劇場の空気をガラリと変えてしまうような、不思議な力が宿っている。そして、クルッと舞台の方へ向きなおり、「帰られぬ」と叫ぶと、その不思議な力は一層強烈なものになるのである。次いで、〽袖も袂も喰い裂き喰い裂き」で袂を噛み、激しく振り回して、髪をさばき、腕を組み、大きく伸び上がって見得をするまでの身のこなしは、不思議な力などという言葉では言い表せないほど凄まじく、何かこの世にあらざるものが憑依したかとさえ思われた。しかも、その憑依は「エエ、してまた、この私が死ぬるのが、愛しいお方の手柄となって」という台詞にさしかかると、スーッと解ける。正気――狂乱――浄化――という内面の移りかわりを、ほんの一瞬のうちに表現してみせる玉三郎の感性には、余人には求めえぬものがあるのだろう。

「落入り」の件では、「この世の縁は薄くとも」でフッと顔を上げたとき、このお三輪の思い描く未来が浮かび上がってくるようだったのが忘れがたい。しかもそれは、「未来は添うて下さりませ」で次第に弱り、倒れても、決して崩れ去ることはないのである。

〽這い回る手に」で苧環を探り、ようやく手に取ると、「どうぞ訪ねて求女様」と呟いて、抱きしめ、頬ずりし、撫でまわし、〽思いの魂《たま》の」で力尽き、再び倒れ、苧環を杖に立とうとするが立てず、そっと苧環を胸に抱きしめる。どこまでも苧環にこだわり続けるなかで、特筆すべきは苧環を上からじっと持っていることだ。これによって、いじらしさが一段と増しているのである。

〽鳴り響いたる」で糸を指先に巻きつけると、いよいよ最期が近づき、苧環を落とす。それでもなお、息絶える瞬間まで糸を巻きつけ続ける。主の魂なく、ただ伸びてゆくだけの糸が、果てしない哀れを誘っていた……。

松緑の鱶七は前半に愛嬌が薄い。その原因は台詞である。例えば酒を飲む件では、「そこの白いお手代衆、イシを貸してくだんせ」といってから、やや無音の時間があり、中央に出て、周りを見回し、「チェエ」と呆れ、「このような屋台骨を張って」に至るまで、総じて間《ま》が悪いのだ。その上、いつもの一本調子である。「このような、立派な御殿を構えておきながら、イシがないとは」という台詞では、「このような、立派な」を強く大きく発声し、「御殿を構えておきながら」で一気に下がる。そして再び「イシが」を強く大きく発声し、「ないとは」でまた急激に下がる。万事このリズムが繰り返されるのだ。こうした松緑独特の一本調子の台詞回しは、早急に改善されなければならない。そのためには義太夫節の稽古に取り組むか、もしくは台詞術に優れた先輩に徹底的な指導を仰ぐ——といったことが必要となるのではないだろうか。

金輪五郎になってからは、いくつかある見得の件で、普通よりゆったりと間《ま》をとっている割に仕科が妙に小さいから、どうにもチグハグである。ただ、「八方割れ」という荒々しい鬘がピタリと似合っていたのには瞠目させられた。これが似合うということは、松緑の肉体が時代物役者として貴重なものである証拠である。向後は、是非ともこの資質を活かすべく、台詞術の修練に努めほしいと願うのである。

歌六の入鹿は、王子の鬘に藍隈という、公家悪の誇張された拵えに負けていないのが流石であるし、台詞も大時代に張っているのが素晴らしい。

松也の求女は台詞が一本調子で仕科も硬い。

橘姫は児太郎だが、このように風情だけでみせていく役では、まだ成果はあげられない。それにしても、『十種香』の濡衣、『赤い陣羽織』の女房、そして『妹背山』の橘姫など、こうまでタイプの異なる役々を一日のうちに演じさせられるというのは、今の児太郎にとって大きな負担となりはしまいか。今の児太郎には、年齢相応の役を丁寧に演じさせ、それを確実な経験とさせることの方が大切だと思うのだが、どうだろうか。玄蕃は亀三郎、弥藤次は亀寿。豆腐買いは中車。


さて、四十五年ぶりの上演となる『杉酒屋』。七之助のお三輪は花道から駆け出てくるその美しさがいかにも娘役らしくてかわいらしい。苧環を求女に手渡す件では、〽かささぎならぬ」で双方の苧環を交差させる仕科や、〽千代の仲立ち」で顔を覗き合う仕科で、恋をする若い娘の情感がよく流れるなど、その稟質の素晴らしさがほの見える。ただ、求女を内に入れ、木戸を閉めてからクドキになるまでが、いささか急ぎ足で落ち着かない。思い入れを一つ入れるだけでも、相当に違ったはずである。

衣装は三日には萌黄だったが、十日には紫に変わっていた。紫地の着付だと洗練された都会の町娘という感じに近くなり、純朴な村娘と高貴な赤姫との対照性、という大切な狙いが鮮明さを欠いてしまうように思った。求女は松也。橘姫は児太郎。子太郎は團子。

二幕めは『道行恋苧環』。七之助のお三輪・松也の求女・児太郎の橘姫、みんな揃って踊りが小さい上に、硬い。

雀右衛門襲名の『金閣寺』

平成二十八年三月 夜

芝雀が五代目雀右衛門を襲名する。女形の大きな名跡であるだけに、それが継承されるのは誠に喜ばしい。

その期待の大きさは、今月の錚々たる顔ぶれと、贅沢な配役による襲名披露狂言によく現れている。とりわけ〈夜の部〉の『金閣寺』は、近年でも指折りの大舞台だったと言っていい。

新雀右衛門の雪姫は、まず上手の障子屋体が開かれ、その姿が見えた瞬間から、優美さ・艶麗さを有する姫君である。

「思いもよらぬ御難題」以下の台詞には琴の伴奏がつくが、その音色としっくり融け合う声音は、女形としての高い実力を示すものなのであった。

「夫の命も助けたい」で上手をみて、〽ああ、どうがな」で二階を見上げる件も、直信と慶寿院を案じる気持ちが深く表現されていたし、柱に背を預け、袂を合わせ、そのままスーッとこぼれ落ちるように座っていく姿にも、無力感に打ちひしがれる雪姫の心境がよく表れていた。

さらに瞠目させられたのは、後半、桜の木に縛られてからである。直信との別れの件では、「ヤア、我が夫か」と叫ぶ台詞や、〽一緒に行きたい、死にたい」で近づいて下から顔を覗き込む仕科や、花道まで追いかけようとする件などには、夫を慕う妻の情愛が迸っていたのである。さらに、〽行くも行かれず」で縄の伸びる限りに遠くへ行き、激情を揚幕へ向かって飛ばし続ける件や、〽野寺の鐘」で桜の木に縄をこすり付けて脱出を図る件などを濃厚に演じ、被虐美を強く印象付ける。それがあるからこそ、桜吹雪の効果が一段と増し、雪姫をひときわ美しくみせるのだ。

降りしきる桜吹雪の向こうに、縛られた雪姫の蠱惑的な姿態が浮かび上がる――その一瞬が、この一幕の中で新雀右衛門が最も美しい瞬間だった。哀れで、優しげで、儚げで、それでいて芯の強さがあって……。これこそが五代目雀右衛門の立女形としての美なのである。深い感銘を受けた。

襲名が役者を変える、とはよく言われることだが、それはまさに新雀右衛門にもあてはまる。本釣りが入り、「あの鐘は六つか、初夜か」という台詞から先は、目の表情が変わり、声音も強くなる。それは漸層的にさらに強くなっていき、「あの大膳の、鬼よ蛇よ」という台詞になると、もう抑制をかなぐり捨て、大膳への恨みを、身体全体をうねるように大きく使って表現してゆくのだが、こうした積極的な演技は、以前の彼にはあまりみられないものだった。襲名を機に、早くも立女形への道を歩み始めたのだと、確信したのである。

爪先鼠の件も、両手を縛られ、袂などの使用が封じられるなか、その不自由な身体と台詞だけで見事に演じてみせたばかりか、最後の〽散り失せたり」で袂を振り上げてキマった瞬間は、まさにパッと花が咲いたかのような華麗さで、観る者を魅了したのである。

引っ込みは、先代と同じく成駒屋型である。七三で止まり、刀に写した髪を整え、襟を直し、スッと一歩引いて艶容にキマる。

しかし、七三へ走ってゆく途中で、すでに刀を抜いているのは気になった。先代のように七三で止まってから刀を抜いたほうが、情趣が出るのではないだろうか。また、刀に髪を写し、整える仕科もやや早間で、もう少し間《ま》をとって、たっぷりとみせた方が、より優艶さが増したように思われる。

いずれにせよ、今回の雪姫を見る限り、新雀右衛門には早くも襲名による変化が現れはじめている。それは真実、これからの充実した活躍を予感せしめる舞台なのであった。

幸四郎の松永大膳が圧巻だった。まず、〈顔〉が素晴らしい。王子の鬘がピタリと似合っている。今回は白塗りを普段よりも薄めにしており、不気味さが増している。

〈柄〉も立派である。柄の立派さで知られた七代目幸四郎もかくや、と思わせるものがあった。それは例えば、雪姫を足下に踏みつけての見得において大いに活かされる。その姿は、荒神が、生贄としての若き女性を喰い殺すさまをさえ想像させるのだ。

それに加えて、見事な〈呂の声〉である。「声張り上げて、歌え、歌え」や、「ひくしゃくと跳ね回るな」、花道での「なにが、なんと」など、劇場を揺るがすような太く響き渡る声音で、一堂を圧倒するのである。

顔・柄・声。この三拍子は「国崩し」を勤める上で決して欠かすことの出来ないものだ。それらを十全に備えている幸四郎は、まさに稀有なる実悪役者と呼ぶに相応しい存在なのである。芝居も当然うまく、「覗くは誰じゃ」と笑う件などでは、大人《たいじん》の風格を描出しているし、「あの縛られし姿をみよ、雨を帯びたる海棠桃李」などには、サディスティックな色気をも纏綿させるのだ。

後段、荒れになってからも、あの巨大な長刀が完全に幸四郎の肉体と溶け合っている。幕切れで三段に登り、長刀をあしらっている姿も、並ぶものなきスケールである。

東吉の仁左衛門も、その魅力を十二分に発揮している。捌き役らしい颯爽とした風姿、吹き抜ける風のような澄み透った爽やかな声音。大膳の重厚に対して、この東吉の颯爽——その対照が鮮明になった時にこそ、この芝居は真の輝きを放つのだ。

碁笥を掬う件の四回のツケ入りの見得、即ち①〽さぞと知られたる」で座り、右の肩衣をしごいての見得、②左足を井戸にかけての見得、③碁盤を持ち、扇子で碁笥を手繰り寄せ、〽打ち返し」で右足を踏ん込んでの見得、④〽勇ましし」で右袖を返し、碁盤を高く掲げての見得――などに、この種の役に相応しい気分が流れていたのも素晴らしい。

二階に思い入れをする仕科は、要所要所でしっかりと印象付けながら、決して説明的にならないところが仁左衛門ならではの味である。鎧姿になってからは、より一層の凛然たる美しさを漂わす。

藤十郎の慶寿院も襲名ならではの贅沢な配役。その品位・芸格で舞台がひときわ大きくなった。

直信の梅玉はさすがの和事師ぶり。正清は歌六。鬼藤太は錦之助。

前に戻って『角力場』。濡髪は橋之助。癇筋の映える古風な役者顔に立派な体躯。橋之助は、こうした役を勤める上で、不可欠な資質の持ち主なのである。しかし、〈呂の声〉には修練の余地が残る。また、木戸をくぐって出てくる仕科や、座って扇をあおぐ仕科などが早く、幾分こせついてみえてしまうのも損である。

菊之助の放駒は、相当意識して〈甲の声〉を出しているものの、まだ少し生っぽい。二役の与五郎は、顎を突き出すなどして、柔らかさを相当に出していて予想外の出来。とはいえ、その芸質からみて、こうした役柄に向いているとは思われない。吾妻は高麗蔵。

『口上』を挟んで、最後は『関三奴』。鴈治郎・勘九郎・松緑のサッパリとした舞踊で打ち出しとなる。

吉右衛門の大蔵卿

平成二十八年九月 昼

今年の秀山祭、〈昼の部〉は『一條大蔵譚』が傑出した舞台だった。大蔵卿は初代・当代の吉右衛門ともに当たり役、秀山祭には絶好の演し物といえる。繰り返し演じてきた強みは『檜垣』の出《で》から見てとれる。すなわち、小走りで門から出てきて、石段に右足を落とし、左右に身体を揺するというもので、これが見事に公卿の阿呆になっているのである。

また、「良い匂《かざ》がするであろうのう」と腰を前後させて色情を露わにする件や、「人が見たら、阿呆と笑うであろうのう」という台詞、その後の突き抜けるような高い声音での笑いなども、下品になるスレスレのところでとどまって、決して公卿としての品位を損なうことが無いのである。

『奥殿』になってからの吉右衛門は、御簾内からの第一声、「ヤアレ方々驚くな」で実に見事な声音・台詞回しで、舞台の空気を一変させる。そして御簾が上がると、前場とは一転、涼やかで、きりりとした公卿姿をみせるのだ。それからは、「元来まろは」で柔らかく高めの公卿の声音になり、「若年よりの、作り、阿呆」からは阿呆の声音になり、それから、「それと知らざる八剣勘解由」でまた公卿の声音に戻り、「非道の巧み、憎きやつ」では、公卿としての気品を保ちながら、強めの声で逆臣への怒りを露わにするなど、公卿―阿呆―公卿を自在に交叉しながら、様々な台詞術の引き出しを開けるのだ。

その自在な交叉は仕科にもみられる。殊に秀抜だったのは、「命長成」と自分に言い聞かせるように言い、「気も長成」でフッと遠くを見て呟いたあと、「ハハ……」と自嘲的に小さく笑い、「ただ楽しみは……」で韜晦という人生を選ばざるを得なかった悲哀を揺曳させ、「狂言……舞ィ」で、それをより色濃くさせながら、声音と身体全体が徐々に阿呆になってゆく件である。

このような、台詞・仕科ともに幾度となくみせる賢愚交々――それを吉右衛門はグラデーションの濃淡でみせる。両極端なところへと瞬時に飛躍するのではなく、一つの水面のあちらとこちらを、力を抜いて揺蕩っているような――。そのような極度に高度な「芸づくし」の面白さを堪能させながら、一條大蔵長成の内面を余すところなく描ききっている。吉右衛門の大蔵卿の傑出しているゆえんである。

他にも、〽かの唐黍の」で揚幕を睨む件での色気と凛々しさ、「ぶっかえり」の見得の比類なきスケール感、「強欲非道の夫に引き換え」の最後の「え」がわずかに高くなることで揺曳した愁い、幕切れで勘解由の首をもてあそびながらも、肚では血の涙を流していることなど、感銘を受けた所演の数々はとても書き尽くせない。今月はとかく『吉野川』に注目が集まりがちだが、吉右衛門の大蔵卿も決して劣らぬ絶品である。

菊之助の鬼次郎は篤実な雰囲気があるのがいい。が、声は凛とした美声ではあるものの、それが義太夫狂言らしいものになるまでには、今しばらくの時間が必要か。また、常盤のクドキを聞いているあいだ、首を後ろに向けすぎだと思う。もう少し正面向きにしているのが本当だろう。

お京は梅枝で、菊之助との夫婦ぶりもいい。しかし、『檜垣』での引っ込みの件で、硬い面持ちで舞台を振り返るのはどうなのか。ここは幕内の鬼次郎へ、「見ましたか、なんとか無事にやりましたよ」という気持ちを表す件なのだから、安堵の表情で舞台を振り返り、それから過ぎ去った一行をじっと見つめ、ゆったりと袖口を返して花道を歩む、という手順でありたい。

魁春の常盤御前には立女形の役に不可欠な厚みがあるのがいい。

吉之助改め三代目吉之丞の勘解由がいかにもそれらしく、京妙の成瀬にもコクがあっていい。

ちなみに、ツケの音がいつでも一様に高い。せめて鬼次郎が花道から駆けてくる件くらいは、もう少し深夜の忍び足らしい、静かな音を出せないものだろうか。

戻って『碁盤忠信』。染五郎の忠信は筋隈が美しく映え、見得の数々も立派。だが、声が弱く、張りあげる台詞になると割れがちである。染五郎の今後の立場や、手がけてゆく役を考えれば、早急に声音の鍛錬に乗り出さなくてはならない。

菊之助の塩梅よしのお勘は美しいのが良く、「だんまり」の件などでは、腹に一物ありそうな不気味な雰囲気をかもし出しているのが面白い。第二場の〈酒の言い立て〉の件でも確かな実力をみせる。

松緑の横川覚範は、揚幕での第一声からして、うねりや抑揚に乏しい。こうした台詞で呼び止められては、染五郎も「なにがなんと」と応えにくかろう。その後の台詞も一本調子。藍隈のとり方にももう一工夫ありたい。

歌六の入道はもっと滑稽に演じてもいいのではないか。忠太は亀蔵。

中幕は『太刀盗人』。又五郎が、すっぱの九郎兵衛を伸び伸びと演じている。狂言を歌舞伎化したもので、又五郎の明るく明瞭な芸風が作品の素朴な味とよく合い、いい舞台であった。万兵衛は錦之助。目代は弥十郎。藤内は種之助。

待望の『吉野川』

平成二十八年九月 夜

秀山祭の〔夜の部〕では、待望久しい『吉野川』がかかる。実に九年ぶりとのことで、それだけ長くかからなかったのは、両花道を使うこともその理由の一つであったろうが、適役の四人がなかなか揃わなかったことが最大の理由であったと思われる。座頭・立女形・二枚目・若女形――今回はそれらの役者たちが見事に揃い、期待に違わぬ『吉野川』となったのだった。

吉右衛門の大判事は、まず〈顔〉と〈柄〉が立派である。化粧は通常よりも老けをキツくしている。もしかしたら吉右衛門は、身体に備わっている柔らかさや色気を消すために、こうしているのかもしれない。いずれにせよ、仮花道に姿を現した瞬間から、いかにも一国を預かる老いたる古武士の風貌なのである。さらに、第一声の「早かっし、定高殿」から、実に深い〈呂の声〉で発声される。

顔・柄・声――その全てを備えていなければ、こうした役どころは絶対に勤まらないものなのだ。これらを十全に備えている吉右衛門は、まさしく当代の大判事である。

両花道の件では、吉右衛門は本舞台近くまで歩き、定高に呼び止められて数歩戻る。九代目團十郎から初代吉右衛門に伝わった型である。また、対岸との距離感を出すため、耳に手を当てる仕科をしているが、さほど世話っぽくならないのがさすがであって、台詞回しでもしっかりと距離感を表現しているから、いかにも川を隔てた会話らしく聞こえてくるのである。

二度めの出《で》以降は、剛直にいく型もあるけれど、今回の吉右衛門は情味タップリのいき方である。例えば「侍の綺羅を飾り」の件はその際たるものであって、こうした悲痛極まる台詞回しは、吉右衛門の真骨頂なのである。そのあと、吉右衛門の大判事は合引から降り、懐紙を出して泣く。多くの場合、ここは泣きあげる程度で、懐紙を使うことはあまりない。後の「大落とし」の件で使うからである。しかし吉右衛門は、大落としのほうを変え、ここで懐紙を使う。それが実に頃合いのボリューム感で、芝居の前半部にグッと厚みを加えたのだった。

三度めの出《で》では〽思いは同じ大判事」で迷いを振り切り、〽四苦八苦」で刀を構えながら左手で拝む件、〽肝に徹して」で縁側に出て、一目みて全てを悟る件などが、相当な重量感で迫ってきたし、仕方噺を経て、柱に背を預けて呆然とこぼれ落ちるように座る件に至っては、あたかも眼前で山が崩れ落ちるが如き衝撃である。そして、「吉野の川の水盃、桜の林の大島台」では、それまでとうって変わり、穏やかで悲しい声調になる——。それが、深い悲しみの果てに定高との和解を選ばざるを得なかった大判事の心境を、そのまま表しているようで胸を打たれた。特に「水盃」と「大島台」という二つの言葉の、肺腑をえぐるような声調は、今なお耳底に残っている。

大落としの件では、雛鳥の首を振袖に包んで抱きしめる。雛鳥への溢れる憐憫と、首を振袖に包む件の情愛ある手つきが印象に残っている。前述したように、ここは大抵は懐紙を使って泣く。しかし今回の吉右衛門は雛鳥の首を抱く。そこには、せめて助けたかった雛鳥を悼む気持ちと、来世での二人の幸せを願う気持ちが実に深々と表わされていた。なんと慈愛に満ちた、そして、なんと優しさに溢れた型であることか。そして、そこにはまた、人生の深淵を垣間見るかの如き悲しみも滲み出ていたのであった。

「倅清船、承れ」以下のノリの台詞は、調子をフルに使う難所である。活殺自在の台詞術はもとより吉右衛門の得意とするところ、他優には決して真似られぬ名調子であった。なかでも、この長い台詞を締めくくる、「閻魔の庁を名乗って通れ」を絞り出すように張り上げ、わずかに震え声にしていたのも感動的だった。それによって、情愛・愁い・来世への希求などが、幾倍にも増幅されて伝わってきたのであった。

定高は玉三郎。当初は、義太夫肚の薄い芸風であるために、多少の危惧をもたないではなかったが、花道を悠然と歩く姿を見、第一声の「大判事さま」というキッパリとした台詞を聞くに及んで、そうした不安は霧消されたばかりか、玉三郎は疑いもなく当今の立女形であることを改めて知ったのだった。両花道での応酬が特筆物で、特に「太宰の家が立ちませぬ」では、独特の半四郎風の言い回しのうちに、自分なら吉右衛門と互角に渡り合える、という自信が感じられたのが素晴らしかった。ここは確かに定高と大判事の会話ではあるのだが、同時に、玉三郎と吉右衛門の火花散る芸の勝負にもなっていなくてはならない。決して大判事役者に負けまいとする気概がなくては、定高は勤まらないのだ。

屋体に入って雛鳥を諭す件では、「入鹿大臣」で一度切り、「様じゃわいな」と続ける台詞で、気丈さを貫いていたのが秀逸。

二度めの出《で》以降では、人形の首が落ちたのに気付いてから、そり反って驚くまでの間《ま》の絶妙さと仕科の大きさ、〽三つ瀬川」で立ったまま空を見上げ、すり寄ってくる雛鳥を抱き寄せて、崩れ落ちるまでの件などが秀抜だった。

三度めの出《で》以降は〽刀は鞘に錆び付く如く」の件、〽刀持つ手も大盤石」の件、〽日もちりぢり」の件と、刀を手にするもなかなか思い切れない件が続く。これらを玉三郎は、丸本時代物らしい格調と重みを保ちながら、漸層的に、その悲劇的な決断に近づいてゆく過程を克明に描く。そして、一太刀振り下ろすや否や、屏風の裏に倒れ伏し慟哭する件の愁嘆の深さ、「雛流し」の件の無言のうちに漂う哀感などには、玉三郎の繊細な感性がにじみ出て、じわりと胸に沁み入るようであった。

以後、「水盃」の件から、〽涙の瀬川」で首を抱えた大判事と見合う件まで、常に背山へ心を向け、この悲劇から目を背けることがない。こうしたことの積み重ねで、芝居全体の緊張感が保たれ、密度がグッと増したのだった。

とまれ、座頭役者の吉右衛門と、立女形の玉三郎が顔を合わせ、その円熟した技芸を余すところなく発揮したからこそ、今回の充実した舞台が実現したと言っていい。平成の『吉野川』決定版として、今後の規範としたい舞台である。

染五郎の久我之助は、黒の着付に前髪という拵えが美しく、爽やかな二枚目ぶりである。〽早まりめされな」で扇を掲げる件の風情や、大判事来訪の声に急いで屋体へ入り、障子が閉まるまで、背中に愁いを纏綿させているのがいい。

腹を切ってからは、「これぞ色に迷わぬ潔白」という台詞が、声音を高く大きく出しながらも、手負いの台詞になっていたのがさすが。雛鳥の首をみての思い入れも、情感がこもっている。

菊之助の雛鳥も佳演である。その美しさ・清純さ・可憐さなどは得難いもので、〽鵲の橋」で袂を大きく使って橋を表す件でも、決して薄手にならないばかりか、娘役のような激しい恋情と、姫としての品位とが、不思議に同居しているのである。他にも〽空に知られぬ花曇り」で、いつまでも背山に未練を残しながら、障子を閉めさせる件の形の良さ、〽もつれ髪」で両袖を合わせる仕科の初心な色気などに、菊之助の女形の資質をみるのである。

桔梗は梅枝。小菊は萬太郎。最後に、竹本四人の健闘には心から拍手を贈りたい。

『らくだ』はうって変わって喜劇である。重く悲しい『吉野川』のあと、肩の力を抜いてやろうという意図はわからないでもないが、これではちょっと砕けすぎだ。

『元禄花見踊』は玉三郎の美貌と優艶な踊りを中心に、若い役者たちが次々と華麗に踊って幕となる。

幸四郎の熊谷

平成二十九年四月 昼

四月の歌舞伎座〔昼の部〕は、『熊谷陣屋』が入魂の舞台だった。幸四郎の熊谷は、これまでも繰り返し演じられてきたものではあるが、今回に至って新たな局面を迎えている。というのは、幸四郎の熊谷が、妻・相模への情愛を大いに強調した結果、従来にはなかった熊谷像が生まれているからである。

例えば膝のチリ払い。ここは、言いつけを破って陣所へきた相模に気付き、怒りを露わにする件である。通常であればすぐさま怒りだすところだが、今回は目を閉じて、「しまった、来てしまったか」という思い入れをしてから膝を払う。相模を不憫に思う気持ちが先に来て、しかも、それを隠しきれないのである。

また、「もし小次郎直家が、討死でも致したら、悲しいか」という台詞である。これは普通は相模の腹を探るような口調で言うところだが、今回は探るようなニュアンスはない。今すぐにでも真実を告げてしまいたい、最愛の妻に対し黙っているのはやりきれない――そんな魂の叫びが、形を変えて漏れ出ているかのような台詞になっているのである。

「物語」の件では通常よりもやや下手側、つまり相模寄りの位置に座ったり、「戦場の習いだわえ」や後段の「藤の方へお目にかけよ」であふれる涙を抑えることが出来なかったり、また、相模のクドキの最後、〽血を吐く思いなり」で相模を叱りつけてから泣きあげる仕科が他の誰よりも大きく、熊谷も相模と同じ気持ちでいることがハッキリと表されるなど、まだまだ多くの具体例を挙げることは出来るが、とにかく、妻・相模に思いを馳せ、その気持ちに寄り添うことを第一に据え、しかもその情愛が自然に溢れてきて隠しきれないのが、今回の幸四郎の熊谷なのである。

こうした演技は、従来の義太夫狂言の常識から考えれば、底を割っている、だとか、前半で泣きすぎるから後半で泣く件が際立たない、などといった意見も出るかもしれないが、筆者はその意見には賛同しない。これらの、相模への深い情愛を第一とする演技は、幸四郎が熊谷直実として舞台上で生きてきた結果だと思うのだ。幸四郎が〈心の底から役になりきる〉という自らの信念を貫き、熊谷直実という男を何十年ものあいだ追求し続けてきた結果、自分にとっての熊谷はこれだ、これしかないのだ、という結論に辿り着き、生まれたものなのだ。

換言すれば、熊谷も、弁慶も、松王も、ドンキホーテも、サリエーリも、何一つ変わらない、自分が演ずべき一人の男として捉え、舞台上で生き抜く幸四郎の精神――そういった精神の所産が、今回の熊谷であったのだ。そしてそれは、一人の表現者の到達した高みとして、極めて尊く、貴重なものなのである。

二年半前の所演でも、相模を気にして泣くことはあった。しかし、その情愛は、今回ほど色濃く貫かれてはいなかった。従って、根本はどこまでも普通の團十郎型の熊谷で、そこに幸四郎なりの色付けが施されている、という感触だった。だが今回は、相模との情愛に徹底してこだわり抜いた。だからこそ、感触は全く別物といっていいほど変わり、これまで以上に一貫した九代目幸四郎独自の熊谷像として、筆者の心を掴んで離さない魅力に溢れているのである。

勿論、この演じ方は、後に続く役者が容易に真似できるものではなく、真似すべきものでもない。繰り返すが、九代目幸四郎という一人の天才型の役者の肉体・感性でのみ成立しうる熊谷だからである。当たり役を何度も演じ続けた果て、自分にしか出来ない演技で、古典作品のなかに新しい人物像を創造する――これこそが歌舞伎役者の目指すべきところなのだと、この舞台から学んだ気がしたのだった。

最後に、「制札の見得」の比類なき大きさ、〽「言上す」で首をぐっと突き出す件の凄まじい気迫、「十六年はひと昔」に漂う無常観なども筆舌に尽くし難く、幸四郎の到達地点の高さを示すものであったことを付記したい。

猿之助の相模は、襖が開いてから、しばしその場で佇んでいる風情がいい。幸四郎と並んでも、極端に不釣り合いではなかったのに驚いた。年齢差・芸歴の差を考えればそれだけでも充分立派だろう。

「青葉の笛」の件では、藤の方の裾と髪を丁寧に直す仕科に、旧主を敬う気持ちがこもっていたのが印象深い。クドキになって懐紙を口にくわえ、〽見るも涙にふさがりて」で首桶を呆然と眺め、なかなか手にすることが出来ず、〽変わる我が子の」でようやく首を抱きかかえ、〽胸はせき上げ身も震われ」で赤子をあやすように上下させる仕科が素晴らしかった。去年、猿之助は典侍の局の聞かせどころで、あまりにも自己流の台詞回しをしていたため、あるいは今回の相模でも、と不安視しないでもなかったが、そうしたものを跳ね返し、佳演をみせたのであった。もう一つ、このクドキでは、口をやや開き、下唇を突き出していたことも是非言っておきたい。これが実に先代芝翫を彷彿とさせ、クドキ全体を古風な味で覆っていたのである。ところで、「人の笑いを受けたもうが」と言っていたが、「人の誹り」が本文である。意味はそれほど変わらないかもしれないが、「笑い」だと少々散文的ではないだろうか。

染五郎の義経には、熊谷が自然と頭を下げてしまうような、御大将らしい品位が備わっているのが素晴らしい。こういう品位を持っている役者は意外と少ないのである。台詞回しは吉右衛門流。例えば「いやさ、弥兵衛兵衛宗清待て」の鋭さや、「じいよ」での砕け方、「堅固で暮らせ」などの情味たっぷりな言い回し、などがそれである。ただ、左団次の「もしまた敦盛蘇り」以下の仕所で、左団次を見ているのはいけない。視線は正面であるべきだ。

高麗蔵の藤の方は流石に手馴れているが、「青葉の笛」の件にもう少し情緒が欲しい。ここは、いわば藤の方の持ち場といっていいところなのだから。左団次の弥陀六は手に入っている。梶原は錦吾。軍次は松江が神妙に勤めている。

『醍醐の花見』は舞台一面に桜が咲きほこるなか、北の政所（扇雀）の命に従って淀殿（壱太郎）、松の丸殿（笑也）、三条殿（尾上右近）、曽呂利新左衛門（萬太郎）などが踊りを披露する。他に秀吉は鴈治郎、秀次は松也、三成は右團次、義演は門之助。まつは笑三郎。

『伊勢音頭』は染五郎が初役で福岡貢を勤める。風姿が素晴らしく、舞台に姿を現しただけで、ニンにあっていることがわかる。『油屋』での重要な仕所である、「万呼べ、万呼べ、万野呼べ」と張りながら羽織を脱ぎかけての見得や、すくっと立って手を後ろに回しての見得、妖刀に操られての立ち回りなどは、実にぴんとこならしい味に溢れている。初役だから教わった通りを踏襲しているのだと思うが、そのなかに、既に染五郎独特の魅力というか、味があるのがさすがだった。ただし「喜助、来い来い来い」の件などには、つっ、ころばしの風情がもう少し欲しかった。

梅枝のお紺は、まだこの立女形の大役を演じるのは無理か。「縁切り」の件では、真意でないことを滲ませることが出来ていないし、キセルの使い方にももう少し工夫が必要だ。

猿之助の万野は、手強く男性的な演技をする。六代目歌右衛門以降、この役は真女形から出ることが多くなったが、しかし、本来はこのように男っぽく演じるものなのかもしれない。そう思わせてくれたのも、猿之助の功績だと言っていい。しかし、総じて、台詞の速度が早すぎるのが惜しまれる。例えば「代わり妓を呼ばないのなら早う去んでくださんせ」と意地悪く言い放ち、呼ぶとなったら「ようおいなんしたな」と掌を返す件など、台詞が早すぎるせいで面白味がうすいのである。相模では、あれほどゆっくりした台詞で落ち着いた芝居をしているのに、万野ではこんなに早間になるのは何故だろう。筆者の推測ではこうである。猿之助はこの数年、自分が座頭になっての早変わりものや、スーパー歌舞伎Ⅱなどの舞台が多かったため、早間に芝居をする癖がついてしまった。相模では大先輩の幸四郎が相手役だから、そういった自分の癖を努めて抑制できるのに対し、万野だと、芝居の相手が主に年齢の近い染五郎になるために抑制が出来ず、ついつい自分にとって自然な、やりいいテンポで芝居をしてしまう——こういうことではないだろうか。ともかく、この万野においてみられた性急な芝居運びは、スーパー歌舞伎Ⅱなどではいざ知らず、古典歌舞伎に持ち込むべきものではない。
秀太郎の万次郎は、浮世離れをしたような上方風のつっころばしの味が誠に貴重。万次郎のお鹿は、見終わったあとにもう少し哀感が流れるようであってほしい。この役はただの三枚目ではないのだから。松也の喜助には、料理人らしい垢抜けたスッキリした風情がもう少しほしい。米吉のお岸は発声がまるで義太夫物のよう。千野は幸雀休演につき京妙。北六は桂三。岩次は由次郎。

最後に、演出上ぜひ再考してほしいことが二つある。一つは「縁切り」の件になるまで、居並ぶ仲居たちは団扇を波打つように仰ぎ続けていてほしい。それが縁切りになった途端にピタリと止まるから、「縁切り」という切迫した情景がより際立つのである。

二つめは踊り子の衣装についてである。浅葱に近い青の浴衣に巾広の紫の帯、という衣装では、いかにも暑苦しい。踊り子の着付けはもっと白っぽくして、夏の風物詩らしい涼しさを演出するのが本当ではあるまいか。

『油屋』の前に『追っ駆け』、『地蔵前』、『二見ヶ浦』がつく。

跋

今から十年ほど前に、この書の著者である中村達史君が私のところへ訪ねてきて、どうしても歌舞伎の評論を一生の仕事としたいので厳しく教導してもらえまいか、というのであった。

まだ二十歳をすぎたばかりで、その横顔に幼さを残していたが、目の光りだけはギラリと情熱的に輝いていた。ちょうどその頃、私も七十歳の半ばを越える年齢になってをり、せっかく三宅周太郎、安藤鶴夫、加賀山直三などの諸先生から教えていただいた貴重な歌舞伎の知識を、どう残してゆこうかと思い悩んでいたときでもあったので、喜んでその申し出を受けることにしたのであった。

そして私は、まず中村君に、毎月、歌舞伎座の芝居の昼の部、夜の部をそれぞれ五回ずつ私と一緒に見ることを義務づけた。勿論、見るまえに「注意」すべき点を詳しく説明し、見終わった後にそれらについての感想を彼から聞くのである。「注意」の内容といっても、役柄によって定まっている〈手〉の置き方、〈煙管〉の持ち方、〈目線〉のあり方、それに〈着付〉〈履物〉〈歩行〉〈三段の昇降〉などという初歩的なものから、舞台上の役者の〈居所〉、〈台詞の活け殺し〉〈荒事風の発声〉〈竹本の力量〉〈型の種々相〉というやや高級な面に至るまで、はなはだ多岐にわたっているのだが、中村君はノートをとりながら辛抱強く、懸命にこれらの「注意」点に立ち向かった。そして次第に「劇評眼」を確かなものにしていったのである。

こうした指導法は、実はかつて私が加賀山直三先生から教わった方式を真似たものであり、それを中村君に強いたのだ。岡鬼太郎氏の直系を認じられていた加賀山先生は、毎月数回、歌舞伎座の放送室へ私を連れてゆかれ、眼前に展開されてゆく歌舞伎を〈進行形〉のかたちで、精細に、その「見方」を教えてくださった。放送室は外界（客席）と完全に遮断されているので、先生は大きな声で「ほら、よく見ておきなさい、あの『微妙』は居所がちがっている。もっと上手《かみて》に寄らなくちゃあ。中央には『盛綱』だよ、そして膝一つ前に出て坐る！」、「なんだ、あの『権四郎』の手は！　もっと指を広げ、ツケ根じゃなくて膝っかぶの方へ置かないと！」「『吉野山』の『静』は白の裲襠じゃぁいけないね。やはり赤姫らしい『赤』でないとね」「あの『松王』の〈泣き〉では〈大落とし〉にならないよ！　もっと懐紙を大掴みにして、眼から グッと離してね、そして吼えるように泣くもんだ！」「この『荒獅子男之助』は、あれで荒事風の台詞を言っているつもりかね。『うぬもただの』で切って、『鼠じゃあ』で切って『あんめぇ』だけをグーッと張って発声しているなど、全くのでたらめだ。切っちゃあいけないんだ。苦しいだろうが一息で張りあげてゆかないと荒事の台詞にならない。『うぬもただの』にかぶせて『鼠じゃぁあんめぇ』と、切らずに張り上げる！」などと教えてくださるのである。くり返すが、観劇後ではなく、実際の舞台の進行に合わせてのご指導であっただけに、その「見方」の血肉化する精度は驚くほどに濃い。

私はこうした先生のやり方で中村君を育ててゆきたかったのだが、しかし、放送室の使用が叶わず、客席では〈声〉を出しての指導もできなかったので、止むなく肝心なところへさしかかる度に、肘で合図し、その不足を補った。これも今では懐かしい思い出だ。無論、芝居のないときは先達の著書についての勉強、またはビデオの鑑賞を通しての「型」の研究などに力を貸して、現在に至っているのだが、思えばこの十年間に中村君の実力は相当なレベルに到達した。本書の原稿を見ても、第一章の「役者論」には、「取材範囲」の狭さ、その「将来像」の指摘等になおいまだしの一面はあるものの、第二章の「劇評抄」などでは優に標準を超えた立派な論述になっている。願わくば、この著書の刊行を契機に、本格的に歌舞伎評論家としてのスタートをきると同時に、一層の精進を重ねて、古典歌舞伎の継承と発展に力を尽くしてほしいと思っている。

和角仁《わずみひとし》（演劇評論家）

著者紹介
中村達史（なかむらたつし）
1986年11月15日生
歌舞伎学会　会員

若手歌舞伎
二〇一七年十二月七日　初版一刷発行
著　者　中村　達史
発行者　伊集院郁夫
発行所　㈱新読書社
〒一一三-〇〇三三　東京都文京区本郷五-三〇-二〇
☎（〇三）三八一四-六七九一
FAX（〇三）三八一四-三〇九七
印刷・製本　㈱Ｓｕｎ Ｆｕｅｒｚａ
ISBN978-4-7880-6020-3

新読書社の本

歌舞伎の風景　加賀山直三著　二〇〇〇円
雀右衛門女房おしかの一生　十河巌著　一〇〇〇円
続中世芸能の研究　新井恒易著　一二〇〇〇円（正巻品切）
西鶴の研究　森山重雄著　三〇〇〇円
恍惚と笑いの芸術〔猿楽〕　新井恒易著　四九〇〇円
歌舞伎の星座　中村哲郎著　二二〇〇円
影法師の詠（うた）　伊藤信夫著　二〇〇〇円